## Liebe Mütter, liebe Väter,

als Eltern tun Sie alles, damit aus Ihren Kindern gesunde, zufriedene und selbstständige Erwachsene werden können. Eine wichtige Rolle spielen dabei auch das Vorlesen und gemeinsame Lesen. Beides ist für die Entwicklung von Kindern genauso förderlich wie gesunde Ernährung oder Bewegung! Außerdem gibt es fast nichts Schöneres für ein kleines Kind als mit Mama oder Papa zu kuscheln und dabei die neuesten Abenteuer ihrer fantasievollen Helden zu hören. Vorlesen schafft eine Atmosphäre von Vertrauen und Geborgenheit und stärkt die Bindung zwischen Eltern und Kindern. Damit es von Anfang an gelingt und allen Spaß macht, haben wir hier einige Tipps für Sie zusammengestellt:

**Nehmen Sie sich Zeit**
Schenken Sie Ihrem Kind beim Vorlesen Ihre volle Aufmerksamkeit, Ruhe ist dafür sehr wichtig. Die Vorlesezeit kann zu einem geliebten Ritual werden, wenn sie regelmäßig stattfindet, zum Beispiel kurz vor dem Schlafengehen, um den Tag gemeinsam ausklingen zu lassen.

**Lesen Sie stimmungsvoll vor**
Wenn Sie Ihre Stimme und Vorlese-Lautstärke der Handlung anpassen, erhöhen Sie die Spannung und den Zuhör-Spaß. Sprechen Sie laut, deutlich und so langsam, dass Ihr Kind Ihnen gut folgen kann.

**Fördern Sie die Konzentration Ihres Kindes**
Indem Sie Fragen zur Geschichte stellen, ermuntern Sie Ihr Kind, ganz genau hinzuhören. Zum Beispiel: Was ist da passiert?

**Regen Sie zum Nachdenken an**
Beziehen Sie durch Fragen die Alltagserfahrungen Ihres Kindes ein. Zum Beispiel: Ist dir das auch schon einmal passiert? Was würdest du machen?

**Lassen Sie Ihr Kind kreativ werden**
Regen Sie Ihr Kind an, die Geschichte weiterzuerzählen oder ein Bild dazu zu malen.

Wir wünschen Ihnen und Ihren Kindern wundervolle gemeinsame Momente.

Ihre

Stiftung Lesen

Weitere Lese- und Medientipps gibt es auf www.stiftunglesen.de

# Die schönsten Gutenacht-Geschichten

# Die schönsten Gutenacht-Geschichten

67 Geschichten zum Vorlesen und Träumen

ullmann medien

Gesamtherstellung: Ullmann Medien GmbH
Rolandsecker Weg 30
53619 Rheinbreitbach

Umschlaggestaltung: Stefanie Jung, Potsdam
unter Verwendung eines Motivs von Michael Schober

www.ullmannmedien.com

# Inhalt

## Kleine Indianer und große Abenteuer

*Udo Richard/Dorothea Tust und Regine Altegoer*

## Ein aufregender Streifzug durch den Dschungel

*Antonia Michaelis/Sigrid Leberer*



## Willst du mein Freund sein, kleiner Kater?

*Ingrid Kellner/Katharina Wieker*

## Auf dem Bauernhof geht's rund

*Ingrid Kellner/Johanna Ignjatovič*

## Delfin Flax und seine Freunde

*Claudia Ondracek/Lila L. Leiber*



## Komm mit an Bord, kleiner Pirat!

*Ulrich Heiß/Irmgard Paule*

## Ein gespenstischer Geburtstag

*Ingrid Kellner/Gabi Selbach*

## Drei kleine Eisbären im Glitzerschnee

*Antonia Michaelis/Sigrid Leberer*

# Kleine Indianer und große Abenteuer

# Die Himmelslaterne

Kleiner Bär kuschelt sich gemütlich in seine Decke. Seine Mama erzählt ihm eine Gutenachtgeschichte. „Es war einmal“, beginnt sie, „ein kleiner Indianer, der war klug und mutig. Nur in der Nacht, da hatte er Angst, denn er fürchtete sich vor der Dunkelheit. Eines Abends, als es schon dämmerte, traf der kleine Indianer in der Nähe seines Dorfes einen Adler, der sich in einem Dornenbusch verfangen hatte. Der kleine Indianer hatte Mitleid mit dem Tier und befreite es aus dem Busch.

Da fing der Adler an zu sprechen. ‚Ich danke dir, dass du mich gerettet hast. Sag mir: Was wünschst du dir am meisten?‘ Da antwortete der kleine Indianer: ‚Am meisten wünsche ich mir Licht, damit ich mich nicht mehr im Dunkeln fürchten muss.‘ Da breitete der Adler seine Schwingen aus und flog auf zum Himmel.

Der kleine Indianer sah dem Adler nach, der immer kleiner und kleiner wurde, bis er gar nicht mehr zu sehen war.

In diesem Moment löste sich ein Stern vom Himmel. In großem Bogen flog der Stern hinunter zur Erde. Er zog einen goldenen Schweif hinter sich her und landete genau vor den Füßen des kleinen Indianers. Der kleine Indianer nahm einen Stock und hängte den Stern daran auf. Nun hatte er eine wunderschöne Laterne, die alles ringsum in warmes goldenes Licht tauchte. Der kleine Indianer war glücklich. Denn von nun an brauchte er niemals mehr Angst in der Dunkelheit zu haben." „Das war aber eine schöne Geschichte", murmelt Kleiner Bär. Und im nächsten Augenblick ist er auch schon eingeschlafen.

# Toll gemacht, Kleiner Bär!

Kleiner Bär hat mit Kluger Biber gewettet, dass er es schafft, sich an den Häuptling heranzuschleichen und ihm etwas wegzunehmen, ohne dass der es bemerkt. „Das schaffst du nie!", meint Kluger Biber.

„Und ob!", behauptet Kleiner Bär. „Anschleichen ist schließlich meine Spezialität!"

Nun biegt Kleiner Bär die Zweige eines Holunderstrauchs auseinander und späht in die Dämmerung.

Der Häuptling sitzt mit ein paar Männern am Lagerfeuer. Sie besprechen die morgige Büffeljagd. Lautlos robbt Kleiner Bär an das Lagerfeuer heran. Er hält sich dicht am Boden und nutzt jeden Strauch als Deckung. Da, ein trockener Ast! Nur nicht berühren, das Knacken könnte ihn verraten! Jetzt ist er nur noch eine Armlänge vom Häuptling entfernt. Kleiner Bär wagt kaum zu atmen. Dann greift er blitzschnell zu. Jetzt aber nichts wie weg! Gewandt wie ein junger Panther tritt Kleiner Bär den Rückzug an. Ein paar Minuten später marschieren zwei grinsende Jungen zum Lagerfeuer.

„Ehrwürdiger Häuptling!“, sagt Kleiner Bär. „Wir wollten fragen, ob du auch nichts vermisst.“

„Ich?“, fragt der Häuptling erstaunt. „Nein, ich vermisse nichts.“ Zur Sicherheit schaut der weise Mann aber trotzdem nach. Und plötzlich begreift er, was los ist. Der Häuptling ist sprachlos.

„Kleiner Bär …“, stammelt er, „gib mir sofort …“ Aber dann muss der Häuptling doch lachen. „Na, so was!“, ruft er. „Im Anschleichen bist du wirklich spitze!“

Der kleine Indianer errötet vor Stolz. Und dann gibt er dem Häuptling schnell zurück, was er ihm gemopst hat.

# Am Lagerfeuer

Du, Kluger Biber, ist das nicht supergemütlich hier?", flüstert Kleiner Bär, und seine Augen leuchten. „Ja, echt klasse!", wispert Kluger Biber zurück. Die beiden kuscheln sich noch ein bisschen tiefer in ihre Büffelfelle und trinken von dem süßen Ahornsaft. Die beiden kleinen Indianer sitzen mit den anderen Kindern des Dorfes rund um ein Lagerfeuer.

Es ist Nacht geworden. Die Sichel des Mondes steht über dem Sonnenhügel, und Millionen Sterne funkeln am Himmel. Die Grillen zirpen, und ein lauer Sommerwind streicht durch das Tal am Schlangenfluss. Heute dürfen die Kinder länger aufbleiben. Weiße Wolke, die alte, weise Frau des Stammes, erzählt ihnen nämlich Geschichten. Und die Geschichten von Weiße Wolke sind immer so spannend, dass die Kinder davon nie genug bekommen können. „Noch eine Geschichte!“, fordern die kleinen Indianer immer wieder.

„Zum Abschluss“, sagt Weiße Wolke schließlich, „gebe ich euch ein Rätsel auf. Ich bin gespannt, ob einer von euch es lösen kann.“ „Au ja!“, rufen die Kinder. Sie beugen sich vor, um ja kein Wort zu verpassen.

„Also hört gut zu, ich fange an!“, sagt Weiße Wolke.

„Und ist's am Himmel auch vor Wolken grau,
er leuchtet rot, gelb, grün und blau,
er liebt den Regen, hat die Sonne gern,
er scheint so nah, ist doch so fern.
Du kannst ihn nicht fassen, ihn anschauen nur,
du darfst ihn bestaunen, dieses Wunder der Natur.
Was ist das?“

Die kleinen Indianer blicken lange ins Feuer, das in vielen Farben schimmert. So kommen sie auch auf die Lösung des Rätsels: Es ist der Regenbogen.

# Seltsame Rauchzeichen

Die Väter von Kleiner Bär und Kluger Biber steigen heute auf den Sonnenhügel. Sie wollen Rauchzeichen geben und so dem befreundeten Stamm der Apachen eine Nachricht schicken. Kleiner Bär und Kluger Biber dürfen mitkommen. Sie können es kaum erwarten, das große Feuer anzuzünden.

Oben auf dem Hügel müssen die Indianer zuerst Feuerholz sammeln. Die beiden Jungen helfen und schleppen alles heran, was brennbar ist.

„So", meint der Papa von Kluger Biber schließlich, „das ist genug." Wenige Minuten später brennt der Holzstoß lichterloh, und die vier werfen feuchtes Gras aufs Feuer.

Im Handumdrehen quellen dicke Rauchwolken in den Himmel.

Der Vater von Kleiner Bär holt eine alte Decke hervor. Dann halten die beiden Väter die Decke abwechselnd über das Feuer und ziehen sie wieder weg. So entstehen mal kleine und mal große Rauchwolken.

Die Botschaft lautet: „Eine große Büffelherde grast auf der Wiese am Schlangenfluss."

So, jetzt wissen auch die Apachen, wo die Büffel zu finden sind. Dann dürfen die Kinder Rauchzeichen geben!

Kleiner Bär und Kluger Biber haben schon eine ganze Weile geflüstert und gekichert. Die beiden führen irgendetwas im Schilde. Sie nehmen die Decke und schicken ihre Rauchzeichen in den Himmel. Dann fallen sie ins Gras und schütten sich aus vor Lachen.

Sind die albern! Die Väter runzeln die Stirn. Aber als sie die Botschaft lesen, müssen sie auch lachen. Da steht nämlich: „Die Pferde der Apachen sind lahme Enten."

# Tarnen und Verstecken

Heute wird im Indianerdorf Verstecken gespielt. Kleiner Bär und Kluger Biber müssen suchen. Das Ganze ist aber nicht nur ein Spiel. Die kleinen Indianer sollen dabei auch lernen, wie man sich richtig tarnt.

Die Suche geht los. Kleiner Bär und Kluger Biber schauen sich im Dorf um. Es wirkt wie ausgestorben. Nichts rührt sich, nur ein altes Pferd zuckelt gemütlich über den Dorfplatz.

Augenblick mal! Das ist verdächtig. Die beiden Freunde rennen zu der alten Mähre. Und tatsächlich! Der Papa von Kluger Biber hat sich seitlich an das Pferd gehängt. Er wird fast vollständig vom dicken Pferdebauch verdeckt. Aber jetzt ist er entdeckt. Kleiner Bär und Kluger Biber jubeln. Und schon geht die Suche weiter. Die Jungen schauen in die Zelte. Aber dort ist niemand. So einfach haben es ihnen die Erwachsenen nicht gemacht.

Kluger Biber nimmt jetzt den Waldrand unter die Lupe. Am Totempfahl ist niemand zu sehen. Aber halt! Hinter dem Holunderbusch lugt ein Hirschgeweih hervor. Ein Hirsch, so nah am Indianerdorf? Das kann nicht sein! „Kleiner Bär, komm schnell!", ruft Kluger Biber. „Ich glaube, hier versteckt sich jemand unter dem Jagdfell!"

Die beiden Jungen rennen zum Holunderbusch. Aber da raschelt es schon.

„Schon gut“, lacht die Mutter von Kleiner Bär, „ihr habt mich erwischt!“ Sie kommt hinter dem Busch hervor. Unter dem Arm trägt sie das Hirschfell, mit dem sich die Indianer bei der Jagd an das Wild heranschleichen. Zwei Erwachsene haben die Kinder schon gefunden. Bleiben also noch drei! Kleiner Bär und Kluger Biber machen sich gleich wieder auf die Suche. Bald haben sie auch die anderen entdeckt. Abends sitzen sie gemütlich zusammen am Lagerfeuer.

# Ein aufregender Streifzug durch den Dschungel

# Der Tiger

Ravi und seine Schwester Mara leben mit ihren Eltern in einem Dorf im Dschungel.

Doch nur nachts liegen sie in der Hütte mit dem Dach aus Palmblättern. Tagsüber ist es draußen viel interessanter. Auch heute sind sie im tiefen Dickicht unterwegs. „Guck mal", sagt Ravi, „den Pfad da haben wir noch nie ausprobiert."

Äste und Lianen verhängen den Weg wie grüne Spinnweben. Es sieht fast aus wie ein geheimer Tunnel.

„Los", meint Mara. „Wir sind doch klein genug. Ich wüsste zu gern, was am anderen Ende ist." Schon schleichen die beiden durch den Blättertunnel, bis sie zu einer kleinen, sandigen Lichtung kommen. Dahinter führt der Tunnelweg weiter.

Auf einmal bleibt Ravi stocksteif stehen. „Ein Tiger!", flüstert er. Tatsächlich: Ein Tiger versperrt den Weg. Offenbar ist es sein Geheimpfad!

Der Tiger knurrt.

Da ertönt aus dem Gebüsch eine ruhige Stimme. „Geh weg, Tiger." Die große Raubkatze dreht sich wirklich brav um und verschwindet im

Dschungel. Aus dem Dickicht tritt eine seltsame Gestalt. Sie hat ein Affenfell umgebunden und stützt sich auf einen krummen Stock.

Es ist Hovo, der Medizinmann aus dem Dorf!

„Woher wusstest du, dass wir Hilfe brauchen?", fragt Ravi erstaunt. Hovo lächelt. „Das ist keine Zauberei. Kommt mit", antwortet er. Bei der kleinen, sandigen Lichtung zeigt er auf den Boden. „Seht ihr die Spuren? Da sind zwei von Menschenkindern … und hier ist die Spur eines Tigers …"

Diesmal haben Ravi und Mara Glück gehabt. Das nächste Mal wollen sie besser aufpassen und auf Tigerspuren achten.

# Die Riesenblumen

Morgen ist doch das große Fest im Dorf", sagt Ravi. „Wir könnten im Dschungel Blüten sammeln, um unsere Hütten zu schmücken." „Au ja!", ruft Mara. Sie gehen lange durch den Wald. An den Bäumen wachsen viele verschiedene Blätter, aber keine Blüten. Wo finden denn die Erwachsenen immer die schönen Blüten für die Feste im Dorf? „Krrr – hallo!", sagt es auf einmal über ihnen. Die beiden schauen nach oben.

Auf einem Ast sitzt ein bunter Papagei und legt den Kopf schief. „Krrr – sucht ihr was?", fragt er schnarrend.

Ravi schüttelt verwirrt den Kopf. „Wieso kannst du sprechen?", will er wissen.

„Krrr – wieso kannst du sprechen?", fragt der Papagei zurück. Es hört sich beinahe so an, als würde er kichern.

„Das hat mir meine Mutter beigebracht", antwortet Ravi und ist ein bisschen beleidigt.

„Krrr – mir hat es der Medizinmann Hovo beigebracht", sagt der Papagei stolz.

„Dann kannst du uns bestimmt sagen, wo wir Blüten

für das Fest finden", sagt Mara. „Kein Problem. Ich weiß ALLES über ALLES hier im Dschungel." „Dieser Papagei ist wirklich ein Angeber", flüstert Mara, als sie ihm folgen.

Nach kurzer Zeit schon schnarrt der bunte Vogel: „Hier!" „Wo?", fragt Ravi. „Ich seh nichts."

„Na, hier oben!"

Eben will Ravi sehr böse werden, da entdeckt er es: Hoch über ihren Köpfen hängen wunderschöne Blüten – große gelbe Sonnen und violette Sternchen. „Wie kommen wir da nur dran?", fragt Mara besorgt. „Ich würde mal den Stamm schütteln", antwortet der Papagei.

Ravi und Mara schütteln den Stamm. Viele Blüten fallen herunter, mit denen sie ihre Hütte schmücken.

# Elefantentanz

Es ist Abend. Am Himmel steht der Vollmond und beleuchtet alles weiß und seltsam.

Ravi und Mara sitzen vor der Hütte und gucken ihrer Mutter zu. Sie stampft Getreide für die Fladen, die sie morgen backen will. Da hören sie ein Tröten vom Rand des Dschungels. „He“, flüstert Mara. „Das hört sich an wie Jagu, der Elefant.“ „Bestimmt ruft er uns“, wispert Ravi. „Komm, wir schleichen uns hier weg.“

Die Mutter ist viel zu beschäftigt, um sie zurückzurufen. Tatsächlich: Schon bald sehen die beiden den kleinen Elefanten. Mit seinem Rüssel winkt er ihnen. „Kommt mit!“, heißt das.

Unter dem Blätterdach der Bäume ist es stockduster. Die beiden Kinder stolpern hinter ihrem Freund her.

„Huh, ist das komisch“, flüstert Mara. „Alles ist ganz unwirklich. Wie in einem Traum.“ Nach einer Weile erreichen sie eine Lichtung. Im Schein des Mondes haben sich viele Elefanten versammelt. Sie begrüßen Jagu mit einem langen Tröten. „Was ist denn hier los?“, wispert Ravi.

Da hebt Jagu die Kinder mit seinem Rüssel hoch und setzt sie behutsam auf seinen Rücken. Und dann beginnen die Elefanten zu tanzen! Die großen Körper wiegen sich im Mondlicht hin und her. Merkwürdig ist das! „Nur die Musik fehlt!", flüstert Ravi.

Hat nicht der Medizinmann Hovo schon einmal vom Mondscheintanz der Elefanten erzählt? Damals haben sie ihm nicht geglaubt.

„Schön ist das!", wispert Mara. „Aber vielleicht träumen wir ja auch."

# Die Schlange

Wo ist denn der Ball jetzt?“, wundert sich Mara. „Ich habe genau gesehen, dass er unter diesen Busch gerollt ist.“ „Ich auch“, sagt Ravi.

Mara kniet sich hin und tastet zwischen den Ästen herum. „Er ist nicht da“, stellt sie fest. Bis eben haben die Kinder auf dem Platz im Dorf mit einem kleinen Lederball Werfen und Fangen gespielt. Und nun ist er weg. „Bestimmt waren das böse Geister“, sagt Naru.

„Unsinn“, meint Mara. „Was wollen denn böse Geister mit unserem Ball?“

„Mir ist das auch nicht geheuer“, erklärt Piri. „Ich gehe nach Hause und helfe meiner Mutter. Ihr kennt euch doch so gut im Dschungel aus. Geht ihr doch den Ball suchen.“

„Ist die doof!“, sagt Ravi. „Komm, Mara, wir gehen wirklich.“ Ravi zieht Mara hinter sich her.

„Den Ball im Dschungel ...“, murmelt sie ärgerlich vor sich hin, als sie plötzlich etwas Komisches sieht. „Guck mal da, Ravi!“ – „Was?“

„Da ist was in den Dschungel gekrochen, das sah aus, als hätte es unseren Ball gegessen!“ „Du spinnst“, sagt Ravi. „Nein! Es sah wirklich so aus! Komm, schnell!“ Energisch zerrt Mara ihren Bruder ins grüne Dickicht hinein. Sie schaut sich um. „Da ist es wieder!“ „Tatsache“, gibt Ravi zu. „Das ist ja eine Schlange! Los, wir müssen sie einfangen, bevor sie Narus Ball kaputt verdaut!“ Sie kriechen der kleinen gelben Schlange nach. Endlich kann Ravi sie fangen.

„Spuck sofort den Ball aus!“, fordert er streng. Aber dann guckt er sich um und muss lachen. Hier liegen ja noch andere Schlangen faul in der Sonne und verdauen die seltsamsten Gegenstände!

# Schon wieder Tiger

Kommt mit“, sagt Hovo, der Medizinmann. „Aber versprecht mir, ganz still zu sein!“ „Wohin gehen wir denn?“, will Mara noch schnell wissen, bevor sie mit dem Stillsein anfängt. Aber Hovo legt nur geheimnisvoll den Finger an die Lippen. Schweigend schleichen Ravi und Mara hinter dem alten Mann durch den Dschungel. Sie geben sich viel Mühe, so zu gehen wie er. Hovo tritt niemals auf einen Ast oder ein welkes Blatt. Er hält alle Lianen und Äste vorsichtig beiseite, anstatt sie einfach wegzuschlagen. Und er atmet sogar leise.

Bei einem kleinen See mitten im Dschungel bleibt Hovo stehen. Die drei ducken sich in ein Gebüsch. Vorsichtig kriechen sie noch ein bisschen näher ans Wasser heran.

Hovo zeigt lautlos auf das Ufer. „Mann!“, will Mara sagen – doch dann fällt ihr ein, dass sie ja nicht reden darf.

Am Ufer sitzen drei Tigerweibchen. Sie passen auf ihre Jungen auf, die das Seewasser schlabbern. Ravi und Mara wissen, dass Tiger sonst immer allein unterwegs sind.

Aber diese Tigermütter scheinen sich gut zu verstehen. Sie liegen gemütlich im Gras, während die kleinen Tiger sich mit Wasser bespritzen und balgen. Ein kleiner Tiger nimmt den Schwanz eines anderen zwischen die Zähne und versucht, ihn daran ins Wasser zu ziehen. Dem anderen Tiger gefällt das gar nicht. Er patscht ins Wasser und spritzt seinen Gegner ordentlich nass.

Beinahe hätte Ravi laut gelacht. „Fast wie Menschenkinder", denkt er. Als die kleinen Tiger genug gespielt haben, klettern sie aus dem Wasser und kuscheln sich an ihre Mütter.

# Das Chamäleon

Ravi und Mara sitzen im Schatten eines großen Baumes und überlegen, was sie heute tun könnten. Da bewegt sich vor ihnen die Rinde eines alten Baumes. „Hast du das gesehen?“, fragt Mara. „Eben hat der Baum mit seiner Rinde gezuckt.“ „Mmm – warte mal. Ich glaube, da sitzt jemand drauf“, antwortet Ravi nachdenklich. Die beiden stehen langsam auf und gehen auf Zehenspitzen zu dem Baum hinüber. Jetzt ist der Stamm ganz still. „Aber hier war doch eben –“, beginnt Mara.

Da zuckt der Baum erneut zusammen. Als hätte er sich erschreckt, weil Mara gesprochen hat. „Schau mal!“, wispert Ravi. „Es sieht genauso aus wie der Stamm!“

Nun hat Mara das kleine Tier auch entdeckt. „Ein Chamäleon!“, flüstert sie.

Das Chamäleon blinkert zustimmend mit den Augen.

Die sehen komisch aus: Sie schauen nämlich in verschiedene Richtungen.

„Das schielt ja!“, meint Mara. „Tut es nicht“, widerspricht Ravi. „Es sieht zwei Bilder! Das ist doch praktisch. Stell dir mal vor: Wenn man auf jemanden wartet und nicht weiß, aus welcher Richtung er kommt.

Wir müssen dann dauernd den Kopf drehen." Das sieht Mara ein. Behutsam pflückt sie das Chamäleon von der Baumrinde ab und setzt es auf ihr Kleid. „Huch!", ruft sie aus. Denn jetzt ist das Chamäleon gelb – genau wie ihr Kleid. Es schaut gleichzeitig nach rechts und nach links. Dann klettert es auf Ravis Schoß hinüber. Ravi kichert. Jetzt ist es gelb wie sein Schurz. Es hat sogar das Tupfenmuster darauf ein bisschen nachgemacht!

# Die Kicherbande im Baum

Mann!", sagt Ravi zu Mara. „Der Baum ist vielleicht groß!" Die beiden Kinder betrachten staunend einen riesigen Banyon-Baum.

Er steht ganz alleine, weit entfernt von den anderen Bäumen, und ist mindestens so groß wie das Dorf, in dem Ravi und Mara wohnen. „Der ist ja verkehrt herum angewachsen", stellt Mara fest. „Die Wurzeln kommen von oben! Guck mal, manche sind schon in die Erde gekrochen!" „Der gehört so rum! Das sind Luftwurzeln", sagt Ravi. „Tu nicht immer so klug", sagt Mara.

In diesem Moment plumpst eine Nuss auf Ravis Kopf. Mara kichert.

„Das ist gar nicht lustig", empört sich Ravi. Dann stutzt er. „An einem Banyon-Baum gibt es doch gar keine Nüsse", meint er nachdenklich.

Die Kinder legen die Köpfe in den Nacken.

„Hihihi, keckeck!", kommt es aus dem Blätterwald.

„Wer ist das denn?", fragt Mara. Plötzlich scheint der ganze Banyon-Baum voll von Gekecker, Gekicher und kreischendem Lachen zu sein.

„Hört auf, euch über uns lustig zu

machen!", ruft Mara ärgerlich in den Baum hoch. „Sonst kommen wir nämlich rauf!" Schon sucht sie eine Luftwurzel aus, um daran hochzuklettern. Ravi ist nicht ganz geheuer bei der Sache. Aber er schluckt und klettert Mara nach. Um sie herum kreischt und lacht es noch immer.

„Bleib mal ganz still stehen", sagt Ravi. „Sonst finden wir die komischen Leute, die hier im Baum wohnen, nie."

Nach einer Weile gucken sich die Kinder an und grinsen. „Das sind ja kleine Äffchen!"

# Der Bär

Ravi und Mara sind unterwegs zu ihrer Lieblingslichtung. Dort kann man sich wunderbar in den Schatten legen und in den Himmel gucken.

Aber als Ravi heute den Lianenvorhang zur Seite schiebt, liegt da schon jemand auf der Lichtung. Der Jemand ist sogar so groß, dass er fast allen Platz einnimmt.

„Ein Bär!", flüstert Ravi. „Was macht der denn auf unserer Lichtung?", will Mara wissen. „Er schläft", antwortet Ravi. „Komm", sagt Mara, „den gucken wir uns mal von Nahem an. Wenn er schläft, ist er bestimmt nicht gefährlich."

Sie kriechen durchs Gebüsch und schleichen sich zu dem braunen Riesen.

Der hat friedlich die Pfoten unter seinem Kinn gefaltet und schnarcht ein bisschen. Über seinem Kopf kreist ein Schwarm Fliegen.

Da bewegt sich der Bär plötzlich. Mara und Ravi erschrecken, denn das große Tier rappelt sich hoch und schüttelt sein zotteliges braunes Fell.

Die Kinder stehen stocksteif da und beobachten den Bären. Der Bär hebt eine Pfote – und kratzt sich am Rücken.

„Der hat die Augen gar nicht auf!", wispert Mara, so leise sie kann. „Der schläft ja noch und schlafwandelt nur!"

Ravi nickt. Ganz eindeutig: Der Bär sitzt mit fest geschlossenen Augen vor ihnen auf der Wiese. Jetzt tut er mit einer Pfote so, als wollte er etwas aus der Luft holen. Danach leckt er die Pfote genüsslich ab – und legt sich wieder hin. Über seinem großen Kopf versammeln sich die Fliegen erneut.

Mara muss sich zusammennehmen, um nicht laut loszulachen. „Ich weiß, wovon der Bär träumt!", kichert sie leise.

# Der Seerosenteich

Heute ist ein unglaublich heißer Tag im Dschungel. Da kann man nur eines tun: baden gehen. Ravi und Mara kennen einen kleinen Teich, auf dem viele weiße und rosa Seerosen wachsen. Schön sieht das aus. Ravi zieht seine Kleider aus und hüpft ins Wasser. „Ist es kalt?“, ruft Mara ihm zu. „Gar nicht!“ Ravi schwimmt zu den Seerosen. Ein paar Frösche hüpfen erschrocken fort. Nun ist auch Mara im Wasser. „Los!“, sagt sie. „Lass uns mal runtertauchen!“

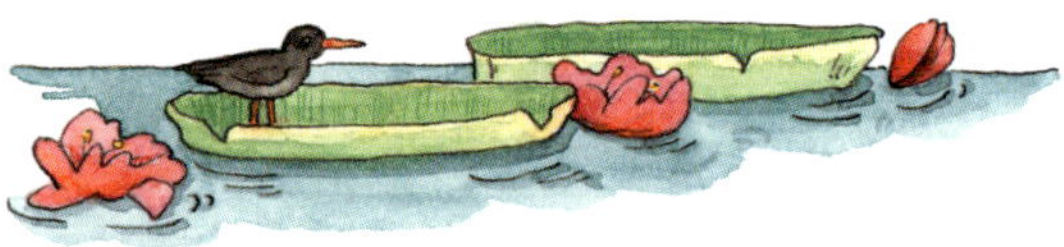

„Kannst du die Augen unter Wasser auflassen?“, fragt Ravi. „Klar kann ich das!“ „Glaub ich dir nicht!“ „Du kannst es ja selber nicht!“ „So“, sagt Ravi. „Wir schwimmen jetzt beide unter Wasser nach da drüben. Und hinterher erzählen wir uns, was wir gesehen haben.“ „Eins, zwei, drei“, zählt Mara. Sie tauchen. Auf dem Boden des Teiches glitzern bunte Steine. Ein paar kleine silberne Fische huschen vorbei.

Dann schauen sich die beiden Kinder um. Was ist denn das? Da hängt ja alles Mögliche ins Wasser! Was mag das sein?

Im nächsten Moment tauchen sie gleichzeitig wieder auf. „Also, du glaubst nicht, was ich gesehen habe!“, fängt Mara an. Ravi unterbricht sie. „Ich hab etwas Besseres gesehen! Das sah beinahe aus wie ein Elefantenrüssel, der ins Wasser hängt! Ob das eine Pflanze war?“ Jemand trötet vom Ufer her. „Das ist ja Jagu, unser Freund!“, ruft Mara. „Er lässt wirklich den Rüssel in den Teich hängen!“ Und da entdeckt sie auch all die anderen Dinge am Ufer, von denen Teile unter Wasser zu sehen waren.

„Den Tieren war es wohl auch zu heiß heute!“, lacht Mara und springt zur Erfrischung noch mal in den Teich – direkt neben das alte Nilpferd.

# Willst du mein Freund sein, kleiner Kater?

# Ein wilder Kater

Auf dem Fluss tuckert ein langes, flaches Schiff langsam in Richtung Hafen.

Die Sonne scheint warm, und ganz oben auf dem Dach des Kapitänshäuschens sitzen zwei Katzen, eine große graue und eine kleine schwarze.

Da kommt ihnen ein Ausflugsdampfer entgegen.

Die Leute an Deck lachen und rufen: „Seht mal, das kleine schwarze Kätzchen, ist das süß!"

Die kleine Katze maunzt empört: „Ich bin kein süßes Kätzchen, ich bin Karlchen, der gefährlichste Kater auf dem ganzen Fluss. Stimmt doch, Mama, oder?"

Die große graue Katze leckt ihm zärtlich übers Fell.

Aber Kater Karlchen mag nicht schmusen. Er mag lieber kämpfen. Er schleicht hinter seine Mama, duckt sich und springt auf ihre Schwanzspitze. „Hab ich dich", miaut er und beißt fest zu.

Das passt Mama nicht. Sie legt die Ohren zurück und faucht.

Aber Kater Karlchen greift noch mal an. Er springt auf Mamas Rücken, rutscht wieder runter, strampelt und kratzt mit den Hinterbeinen. Karlchen beißt und faucht und ist überhaupt fürchterlich gefährlich.

„Frieden“, sagt Mama. „Ich ergebe mich.“ Sie lässt sich auf die Seite fallen.

Karlchen bohrt seine Nase in ihr weiches Bauchfell und bekommt etwas zu trinken, obwohl er ja schon lange kein Baby mehr ist.

Bei Mama ist es warm und weich. Kater Karlchen schließt die Augen.

Das Schiff tuckert weiter den Fluss hinauf, die Wellen plätschern sanft.

Kater Karlchen schnurrt: „Ich hab dich lieb, Mama!“ Und dann schläft der gefährlichste Kater auf dem ganzen Fluss einfach ein.

# Gemeine Möwen

Das Schiff tuckert in den Hafen der großen Stadt und legt am Kai an.

Über dem Wasser wirbeln und kreischen die Möwen.

Kater Karlchen spaziert mit hoch erhobenem Schwanz über eine Planke an Land. „Ich schau mich mal ein bisschen um“, ruft er seiner Mama zu.

„Pass auf, Karlchen“, sagt Mama. „Die Möwen sind gefährlich!“

„Ich auch“, sagt Karlchen.

Doch da schießt auch schon eine Möwe im Sturzflug so dicht an ihm vorbei, dass er das Gleichgewicht verliert und, platsch!, von der Planke ins Wasser plumpst.

„Mama, können Katzen schwimmen?“, schreit Karlchen und strampelt mit allen vier Pfoten.

„Was ist, wenn jetzt ein Monsterfisch kommt und mich verschluckt?“, denkt er erschrocken.

Plötzlich spürt Kater Karlchen, dass ihn etwas am Genick packt.

„Hilfe!“, schreit Karlchen und schluckt dabei Wasser.

Der kleine schwarze Kater muss husten und spucken, dann kriegt er endlich Luft!

Karlchen merkt, dass er wieder festen Boden unter den Pfoten hat.

Ein weißes Tier mit roten Augen und einem langen Schwanz schaut ihn freundlich an.

„Wer bist du denn?“, fragt der kleine Kater.

„Ich bin Rita Ratte, die Hafenaufsicht“, sagt das weiße Tier. „Ich habe dich gerettet, weil ich es abscheulich finde, wenn die Möwen zu kleinen Tieren so gemein sind.“

„Danke“, sagt Karlchen. „Ich glaube, ich mag dich.“

Jetzt freut sich Rita Ratte. Nicht viele mögen sie. „Soll ich dir den Hafen zeigen?“, fragt sie.

„Au ja“, sagt Karlchen. Und nachdem er sein Fell trocken geleckt hat, ziehen die beiden los.

# Katzen und Hunde

„Lass dich mal anschauen“, sagt Billi Bello zu Kater Karlchen. „Du hast ja vier weiße Pfoten und eine weiße Schwanzspitze.“

„Ja“, sagt Karlchen und dreht sich um sich selbst. „Und du hast ein rotes Halsband, wie ich sehe.“

Darauf ist Billi Bello stolz. „Das ist noch ganz neu, und die Leine auch. Aber die hängt zu Hause am Haken. Ich bin nämlich ausgerissen.“ Billi Bello grinst. „Willst du mit mir durch die Stadt ziehen?“

Kater Karlchen nickt begeistert.

Und schon trotten die beiden neuen Freunde los, immer Billis Nase nach.

Karlchen bewundert die großen Häuser und die langen Straßen. Es gibt auch Ampeln und jede Menge Autos, die stinken und schnell und laut sind.

Karlchen fürchtet sich, aber Billi ist Verkehr gewöhnt. An der Ampel wartet er auf Grün. „Sicher ist sicher“, sagt er.

Karlchen und Billi Bello überqueren die Straße und laufen zum Stadtpark.

„Das ist mein Lieblingsplatz“, sagt Billi bei der großen Eiche. „Schön hier, nicht?“

„Wunderschön“, sagt Karlchen und rekelt sich im Gras. Er schnurrt vor Wohlbehagen.

„Hast du einen kleinen Motor verschluckt?“, fragt Billi

Bello. Kater Karlchen kichert: „Nein, ich schnurre nur. Das kannst du nicht, oder?“

„Aber ich kann knurren“, meint Billi. „Hör mal: krrr, krrr!“ Karlchen erschrickt und zeigt seine Krallen.

Billi weicht vorsichtig zurück und kneift seinen Schwanz ein.

„Aber du musst doch keine Angst vor mir haben“, schnurrt Karlchen. „Ich mag dich nämlich.“

Billi Bello seufzt erleichtert. „Dann ist es ja gut.“

# Sind wir verwandt?

Die Sonne brennt heiß.
Kater Karlchen sucht einen kühlen, sicheren Platz im Schatten. Vielleicht oben in der Eiche, die mitten im Stadtpark steht?

Karlchen hakt sich mit den Krallen in die Rinde und zieht sich am dicken Baumstamm nach oben. Puh, geschafft! Er findet im Blättergewirr eine gemütliche Astgabel, die gerade richtig für ein Schläfchen ist. Kater Karlchen kuschelt sich zusammen. „Jetzt bin ich ein Eichenkater. Der gefährlichste Eichenkater im ganzen Baum“, denkt er und schläft ein.

Peng! Karlchen schreckt hoch. „He, wer wirft denn hier mit Eicheln?“

„Ich“, keckert ein kleines Tier mit rotem Fell. Es hüpft aufgeregt auf einem Ast direkt über Karlchen auf und ab. „Hau ab, das ist mein Schlafplatz!“

„Nein, meiner", faucht der kleine Kater wütend zurück.

Peng! Wieder knallt eine Eichel auf Karlchens Rücken. „Wenn du nicht sofort damit aufhörst, kannst du was erleben", ruft er. „Ich bin nämlich ein gefährlicher Eichenkater."

„Glaub ich nicht", lacht das Tier. „Du mit deinem dünnen Katzenschwänzchen." Es zeigt auf seinen eigenen buschigen roten Schwanz. „Ich bin eine echte Eichkatze. So nennt man uns Eichhörnchen nämlich auch!"

Karlchen überlegt. „Dann sind wir ja irgendwie verwandt", sagt er. „Kater und Katze, das passt doch zusammen." Er rückt ein bisschen zur Seite. „Komm, da ist noch Platz für dich."

Das Eichhörnchen schmiegt sich an Kater Karlchen. „Du bist nett", sagt es.

Und Karlchen ist froh, dass er eine andere Katze kennengelernt hat. Auch wenn es nur eine freche Eichkatze ist.

# Ein Krabbelkerl

Der kleine schwarze Kater sitzt im Stadtpark unter einem Busch und langweilt sich. Wo nur Billi Bello bleibt? Karlchen will mit seinem Freund spielen, aber Billi lässt sich nicht blicken.

Kater Karlchen beobachtet, wie vor seinen Pfoten ein schöner Käfer krabbelt. Gedankenverloren tipptappt er auf die grüngoldenen Flügel, ganz sanft und mit eingezogenen Krallen.

Da kippt der kleine Krabbler um.

Karlchen schaut interessiert zu, wie sich der Käfer abstrampelt. Als der Krabbelkerl endlich wieder auf den Beinen ist, tipptappt Karlchen gleich noch mal auf seine Flügel.

Der Käfer ist verzweifelt. „Sag mal", summt er zornig, „findest du das lustig?"

„Eigentlich nicht", meint Karlchen. „Mir ist nur so langweilig."

„Such dir etwas anderes zum Spielen, und lass mich in Ruhe“, schimpft der Käfer. „Du bringst mich ja um.“

„Entschuldige“, sagt Karlchen zerknirscht. „Ich wollte dir wirklich nicht wehtun.“

Die Schwanzspitze des kleinen schwarzen Katers zuckt nervös.

Karlchen versucht, sie zu fangen, aber sie entwischt

ihm immer wieder. Der Kater dreht sich rundherum, immer der Schwanzspitze nach. Schnell und immer schneller, wie ein Kreisel.

Der Käfer kichert: „Kindischer Kerl!“

Endlich hat Karlchen seine weiße Schwanzspitze erwischt. Er hält sie mit der Pfote fest und putzt sie energisch. „Weißt du, sie wird immer so schnell schmutzig“, sagt er verlegen.

Aber der Käfer ist schon längst wieder im hohen Gras verschwunden.

Schade, denn Karlchen hätte gern noch ein bisschen mit ihm gespielt.

# Ein Papa für Karlchen

Der kleine schwarze Kater Karlchen hat plötzlich Sehnsucht nach seiner Mutter.

„Ich war lange genug in der großen Stadt", denkt er. „Aber jetzt will ich zurück zu meiner Mama."

Es ist weit bis zum Hafen. Karlchen läuft und läuft. Als er endlich am Kai ankommt, kann er das Schiff, auf dem er und Mama wohnen, nicht finden.

Es ist nicht mehr da.

„Mama!", miaut Karlchen laut.

Das nachtschwarze Wasser schwappt an die Hafenmauer – schwipp, schwapp.

„Mama!", schreit Karlchen verzweifelt. „Mama, wo bist du?"

„Psst, mach keinen solchen Lärm!", zischt es plötzlich, und eine weiße Ratte spitzt um die Ecke.

„Ach, du bist es, Rita!", ruft Karlchen erleichtert. „Weißt du, wo Mama ist?"

Rita Ratte ist die Hafenaufsicht. Deshalb weiß sie alles. „Das Schiff ist vor einer Stunde abgefahren", erklärt sie. „Aber du brauchst keine Angst zu

haben. Deine Mama kommt ja wieder. In drei Tagen ist sie zurück." Rita Rattes rote Äuglein blinken freundlich. „Sie hat gesagt, du sollst zu deinem Papa gehen. Er wohnt hier in der Stadt."

„Papa?", fragt Kater Karlchen verwundert. „Ich hab einen Papa?"

„Klar“, sagt Rita Ratte. „Und ich kenne ihn sogar. Er sieht genauso aus wie du. Dein Papa ist ein riesiger schwarzer Kater mit weißen Pfoten.“

„Und einer weißen Schwanzspitze?“, fragt Karlchen.

„Und einer weißen Schwanzspitze“, nickt Rita Ratte. „Soll ich dir helfen, ihn zu suchen?“

„Ja“, sagt Kater Karlchen erleichtert. „Danke! Du bist echt lieb, Rita.“ Rita Ratte huscht voraus. Und Karlchen ist schon ganz gespannt auf seinen Papa.

# Das Krokodil

Kater Karlchen und Rita Ratte laufen durch die Straßen der Stadt. Der Mond steht hell und rund über den Dächern.

Plötzlich hebt sich vor ihnen ein Kanaldeckel, und ein Krokodil schiebt seinen spitzen Kopf heraus. Es fragt freundlich: „Geht es hier nach Afrika?“

Aber Kater Karlchen fürchtet sich. Das Krokodil hat ein so großes Maul und so viele spitze Zähne. Karlchen hopst ein Stück zurück. Doch dann plustert er sich auf und macht einen Katzenbuckel. „Jetzt bin ich so groß wie mein Papa“, denkt er. „Jetzt hat das Krokodil bestimmt Angst vor mir.“

„Was willst du denn in Afrika?“, fragt Rita Ratte neugierig.

„Ich habe dort Familie“, erklärt das Krokodil. „Die möchte ich so gerne mal wiedersehen.“

„Kann ich verstehen“, sagt Rita Ratte.

„Ich auch", sagt Kater Karlchen. „Ich suche nämlich gerade meinen Papa."

„Willst du nicht lieber mit mir nach Afrika, kleiner schwarzer Kater?", fragt das Krokodil. „Du bist so nett. Ich hab dich zum Fressen gern!"

„Na, hör mal", sagt Kater Karlchen empört. „Du hältst mich wohl für dumm."

„War ja nur eine Frage“, grinst das Krokodil. „Und wie geht’s jetzt nach Afrika?“

„Raus aus der Kanalisation“, erklärt Rita. „Rein in den Fluss, runter ins Meer und rüber zum Nil.“

„Vielen Dank“, sagt das Krokodil.

Plopp! Schon klappt der Kanaldeckel wieder zu.

„Komm, wir haben es auch nicht mehr weit“, sagt Rita zu dem kleinen Kater. „Gleich beim nächsten Haus wohnt dein Papa.“

Kater Karlchen putzt noch schnell seine Schwanzspitze, aber dann springt er hinter Rita her. Endlich wird er seinen Papa sehen!

# Ein starkes Mondkater-Lied

Kater Karlchen ist froh, dass er seinen Papa gefunden hat.

Der schwarze Kater ist groß und stark. Karlchen will auch mal so groß und stark werden.

„Und was machen wir jetzt?“, fragt Karlchen am Abend.

„Was du möchtest“, sagt Papa.

Karlchen überlegt: „Am liebsten etwas Großes und Starkes.“

„Gute Idee“, meint sein Papa. „Wir könnten gemeinsam den Mond ansingen.“

„Singen ist doch nicht stark“, sagt Karlchen enttäuscht.

„Nein“, sagt Papa. „Aber zum Singen auf ein Dach zu klettern, das ist stark. Kannst du das?“

„Klar kann ich das“, sagt Karlchen mutig. Papa soll nicht merken, dass er sich fürchtet.

„Na, dann geh ich mal voraus“, sagt Papa. „Mach mir einfach alles nach!“ Der große schwarze Kater springt auf ein Fensterbrett, dann auf einen Mauersims und mit einem Riesensprung zur Dachrinne hinauf.

Karlchen klettert tapfer hinterher. Aber für den letzten Sprung zur Dachrinne hat er keine Kraft mehr. „Papa, hilf mir, bitte!“, maunzt er kläglich.

Der große schwarze Kater packt Karlchen am Genick

und zieht ihn aufs Dach. „In deinem Alter wäre ich nur bis zum Mauersims gekommen", lobt er seinen Sohn.

Karlchen lacht. Mit hoch erhobenem Kopf stolziert er die glänzenden Dachplatten hinauf bis zum First.

In der Ferne schimmert der Fluss im Mondlicht.

„Morgen kommt Mama wieder", sagt Karlchen.

„Sie ist die schönste Katze vom ganzen Fluss", erinnert sich Papa.

Und dann singen beide gemeinsam das lauteste und stärkste Mondkater-Lied, das man jemals in der Stadt gehört hat. „Miau-oh, miau-oh!"

# Abschied

Kater Karlchen und sein Papa laufen zusammen zum Hafen.

Ob das Schiff mit Mama an Bord schon vor Anker liegt?

Und wirklich, Karlchen sieht schon von Weitem die schöne graue Katze auf dem Dach des Kapitänshäuschens.

„Mama!“, ruft der kleine schwarze Kater glücklich. „Mama, ich bin wieder da!“

„Ich auch“, sagt Karlchens Papa.

Karlchens Mama putzt sich erst mal. Dann schnurrt sie leise und sagt: „Das ist nett. Wollt ihr nicht an Bord kommen, alle beide?“

Karlchens Papa weiß nicht recht, schließlich ist er kein Schiffskater.

Aber Karlchen miaut gleich begeistert: „Ja, Papa, fahr mit uns!“

Doch bevor das Schiff ablegt, muss Mama die Stadt anschauen.

Karlchen zeigt ihr alles: die Autos, die Straßen, die Häuser, den Marktplatz und den Park.

Dort treffen sie Billi Bello. „Das ist mein bester Freund“, sagt Karlchen, „aber ich habe auch noch viele andere Tiere kennengelernt.“

Auf dem Weg zurück zum Hafen erzählt der kleine schwarze Kater von seinen Abenteuern mit dem Eichhörnchen, dem Krokodil, dem grüngoldenen Käfer und der Ratte Rita.

Als Karlchen mit seinen Eltern an Bord geht, stehen all seine Freunde am Kai und winken zum Abschied. Nur das Krokodil fehlt. Es ist sicher schon in Afrika.

„Ich hab dich lieb, Karlchen!", heult Bello zum Abschied. „Ich werde dich nie vergessen."

„Ich komm ja wieder!", ruft Karlchen.

Das Schiff fährt ab. Auf dem Dach des Kapitänshäuschens sitzen jetzt zwei große Katzen und dazwischen ein kleiner schwarzer Kater, der glücklich schnurrt.

# Auf dem Bauernhof geht's rund

# Hetty Hühnchen

Mitten im Hof von Bauer Mayer steht das Hühnerhaus. Dort wohnt Hetty Hühnchen. Hetty ist ein kleines weißes Huhn, aber sie hat keine Lust, Eier zu legen.

„Immer auf dem Nest sitzen ist ja soo langweilig“, sagt sie.

„Gar nicht wahr“, gackert die dicke braune Henne Gackeline. Sie sitzt geduldig auf ihrem Nest. „Oh, oh, oh, gleich kommt wieder eins.“

Plopp, schon liegt ein neues Ei im Stroh. „Ga-ga-ga-gack!“, gackert Gackeline. „Ein wunderschönes Ei.“

„Gut gemacht!“, kräht der große Hahn. „Kikeriki!“

Die anderen Hühner freuen sich auch und bewundern das neue Ei.

Aber Hetty Hühnchen findet nichts Besonderes daran. Es ist glatt und braun wie alle Eier. „Ich will lieber raus“, ruft sie, „und ein Abenteuer erleben.“

„Das gehört sich nicht für ein kleines weißes Hühnchen“, kräht der große Hahn. „Bleib hier!“

Aber Hetty flattert von ihrem Platz auf der Sitzstange herunter und schlüpft zum Hühnerhaus hinaus. Die

Sonne ist gerade aufgegangen. Oh, die schöne Welt! Hetty Hühnchen hört die Kühe muhen, das Pferd stampfen, die Schweine grunzen, den Hofhund bellen, die Katze maunzen, die Schwalben zwitschern, den Traktor rattern und die Gänse schnattern.

Auch Marie, die Tochter von Bauer Mayer, ist schon auf.

„Bi-bi-bi-bi!“, lockt sie Hetty und streut Weizenkörner vor dem Hühnerhaus.

Auch der große Hahn, die dicke braune Gackeline und die anderen Hühner kommen und picken mit Hetty Hühnchen um die Wette.

Dann füllt Marie frisches Wasser in die Tränke.

Hetty taucht den Schnabel ein und trinkt. Jetzt ist sie bereit für den neuen Tag und ihr erstes Abenteuer.

# Auf der Weide

Hetty Hühnchen läuft auf die große Wiese. Dort wachsen Löwenzahn und Butterblumen.

Schmetterlinge schaukeln auf den Blüten.

Käfer krabbeln an den Stängeln. Hummeln und Bienen brummen in der Luft.

Hoppla, ein Heupferdchen hüpft direkt vor Hettys Schnabel aus dem Gras in die Höhe. „Fang mich doch!“, zirpt es.

„Warte nur, gleich hab ich dich!“, lacht Hetty und springt ihm nach.

Aber das Heupferdchen ist schneller. Mit einem riesigen Satz verschwindet es hinter einem großen braunen Berg.

Hetty aber prallt dagegen.

„Muh“, macht der Berg.

„Hast du dir wehgetan?“

Hetty Hühnchen schüttelt so heftig den Kopf, dass ihr kleiner Kamm von einer Seite zur anderen flappt. „Überhaupt nicht. Und wie geht es dir?“, fragt sie.

Klara, die Kuh, liegt im Gras und ruht sich vom Fressen aus.

„Gut“, muht Klara und steht auf. Dabei bimmelt die Glocke an ihrem Hals.

Die anderen Kühe kommen schnell herbeigelaufen. „Ist schon Melkzeit?“, fragen sie aufgeregt. „Müssen wir in den Stall zurück?“

„Nein“, meint Klara. „Grast ruhig weiter, dann könnt ihr später noch mehr Milch geben.“

„Milch“, überlegt Hetty. „Damit kann man doch Butter machen, oder?“

„Richtig“, muht Klara.

Das Heupferdchen hüpft wieder vorbei. „Und Zucker“, zirpt es.

„Gar nicht wahr!“, gackert Hetty empört.

„War doch nur ein Witz“, kichert das Heupferdchen.

Hetty lacht. „Jetzt erwisch ich dich aber“, sagt sie und springt dem frechen Heupferdchen kreuz und quer über die Wiese nach.

# Gackelines Küken

Gackeline, die dicke braune Henne, ist traurig: „Ich lege ein Ei nach dem anderen und brüte und brüte, aber nie schlüpfen Küken aus meinen Eiern heraus."

Hetty Hühnchen weiß Bescheid: „Deine Eier sammelt die Bäuerin ein, wenn du im Hof Körner futterst. Und dann legt sie Gipseier in dein Nest."

„Das ist ja gemein!", gackert Gackeline empört. „Ich will endlich Küken kriegen."

Da hat Hetty eine Idee: „Komm mit in den Heuschober, Gackeline! Dort kannst du deine Eier verstecken und in Ruhe ausbrüten."

„Gut, gut, gut!", gluckst Gackeline. Sie schleicht sich mit Hetty in den Heuschober und baut hoch oben ein Nest. Dann legt sie ihre Eier und will es wie immer stolz verkünden.

Aber Hetty Hühnchen hält ihr den Schnabel zu. „Hör auf! Das ist jetzt unser Geheimnis."

Jemand maunzt: „Was für ein Geheimnis?" Die Katze Carolin schleicht neugierig herbei.

Gackeline bittet: „Carolin, verrate nichts von den Eiern!"

„Aber nur, wenn ihr mucksmäuschenstill seid", sagt Carolin. „Sonst kann ich keine Mäuse fangen."

„Abgemacht", sagt Hetty Hühnchen und macht es sich mit Gackeline und ihren Eiern im Heu gemütlich.

Als Gackeline eines Tages Durst hat und in den Hof

zur Tränke flattert, passt Hetty Hühnchen auf Gackelines Eier auf.

Plötzlich knackst es ganz leise, und ein Küken zwängt sich durch die Schale.

Hetty schreit: „Gackeline, schnell! Deine Kinder kommen."

Die Katze Carolin faucht: „Verflixt! Jetzt sind die Mäuse weg."

Aber das ist Hetty Hühnchen egal. Und Gackeline erst recht. Sie schlägt stolz mit den Flügeln: Ihre Küken sind einfach zu niedlich.

# So eine Schweinerei!

Hetty Hühnchen will heute die Schweine besuchen. Denn Mutter Schwein hat neun niedliche Ferkel bekommen.

Valentin ist das kleinste, und er hat kein geringeltes Schwänzchen wie die anderen. Trotzdem hat Mama Schwein ihn genauso lieb wie alle anderen acht Ferkel.

„Hallo!", begrüßt Hetty Hühnchen die kleinen Ferkel.

„Oink, oink, oink", grunzt der kleine Valentin zurück. „Du siehst aber komisch aus, so weiß und sauber."

„Das kommt davon, weil ich ein Huhn bin", erklärt Hetty. „Gaga-gack!"

Jetzt probieren die neun Schweinekinder, ob sie auch gackern können: „Gaga, oink, gaga, oink."

„Hört mit dem Unsinn auf!", ruft Mutter Schwein. „Kommt fressen."

Felix, der Bauernjunge, schüttet gerade einen Kübel Schweinefutter in den Trog.

Alle Ferkel stürzen sich darauf. Das ist ein Gegrunze!

Der kleine Valentin springt sogar mitten in den Trog hinein und schlabbert und schmatzt wie ein großes Schwein.

Da kriegt Hetty auch Hunger. Sie pickt ein Kartoffelstückchen vom Trogrand.

„Das ist meins", schreit Valentin.

„Sei nicht so gierig!", schimpft Hetty und flattert hinter Felix durch die Stalltür.

Die Schweinchen drängen hinter Hetty ins Freie und springen mit so viel Schwung in die Suhle, dass der Schlamm nur so spritzt.

Hetty Hühnchen schüttelt sich. „So eine Schweinerei!"

Aber Mutter Schwein sagt: „Eine schöne Schlammkruste ist gesund. Sie kühlt die zarte Schweinehaut."

Jetzt erst merkt Hetty, wie heiß die Sonne vom Himmel brennt. Schnell schlüpft sie unter den Holunderbusch und sucht sich ein Plätzchen im Schatten. Von dort kann sie die Schweinchen am besten beobachten.

# Hetty will schwimmen

Harry, der Hofhund, liegt faul vor der Haustür. Er genießt die warmen Sonnenstrahlen.
„Hallo, Hetty, wo willst du hin?“, fragt er das kleine weiße Hühnchen.

„Zum Bach“, gackert Hetty. „Kommst du mit?“

„Jetzt nicht“, sagt Harry. „Vielleicht später. Pass auf dich auf!“

„Klar!“, gluckst Hetty Hühnchen. „Mir passiert schon nichts.“ Schnell flattert sie über die große Wiese, dem Tal entgegen.

Unten am Bach ist eine Menge los. Vater und Mutter Gans und ihre acht Gänschen watscheln umher. „Wir lernen heute schwimmen“, piepsen die Kleinen aufgeregt.

„Mir nach!“, ruft Vater Gans und lässt sich in den Bach plumpsen. „Immer schön gegen die Strömung paddeln! Ja, so ist es gut.“

Die Gänsekinder sind begabt. Sie flutschen wie Flaumbällchen auf dem Wasser hin und her.

Hetty Hühnchen will auch schwimmen. „Schaut mal alle her!“, ruft sie vom Ufer.

„Halt, Hetty!“, warnt Mutter Gans. „Du kannst doch nicht schwimmen.“

„Kann ich wohl“, sagt Hetty.

„Nein“, zischt Mutter Gans, „weil du keine Schwimmhäute zwischen den Zehen hast.“

„Na und?“, meint Hetty. Sie springt in den Bach und wird sofort von der Strömung weggetrieben. „Hi-hilfe!“, schreit sie.

Mutter und Vater Gans schwimmen schnell hinter Hetty her, aber sie erreichen sie nicht.

Plötzlich wird Hetty an ihren Federn gepackt und aus dem Bach gezogen. „Danke!“, japst sie. „Aber jetzt kannst du wieder loslassen.“

„Nein“, sagt eine dunkle Stimme. „Du kommst mit mir in den Wald, du leckeres Hühnchen.“

„Lass Hetty frei!“, knurrt da Harry, der Hofhund. Hettys lautes Gackern hat ihn hergeführt. „Hau ab, sonst kannst du was erleben!“

Schon ist der Hühnerdieb wie ein roter Blitz im Wald verschwunden.

Hetty hat noch einmal Glück gehabt und ist froh, dass Harry sie gerettet hat.

# Der rote Traktor

Immer wenn der Traktor durch den Hof fährt, fürchtet sich Hetty, denn das feuerrote Maschinenmonster brüllt und schnaubt, rattert und stinkt.

Doch heute steht der rote Traktor still und stumm im Schuppen. Durch die offene Tür betrachtet Hetty misstrauisch das Ungetüm.

Auf der Motorhaube liegt die Katze Carolin. „Komm rein“, schnurrt sie. „Der Traktor tut dir nichts.“

Hetty Hühnchen macht sich Mut: Sie scharrt ein paarmal mit den Krallen, nimmt Anlauf und springt gackernd auf den Fahrersitz.

„Na, siehst du, der Traktor ist harmlos!“, sagt Carolin.

Hetty Hühnchen streckt sich stolz und sieht sich um. Im Schuppen stehen noch viele andere Geräte: Pflug und Egge, Sämaschine und Leiterwagen und ein Heuwender. An der Wand hängen Sense, Heugabel und Rechen. Sogar eine Werkbank mit Schraubenschlüsseln, Feilen und Zangen entdeckt Hetty.

Harry, der Hofhund, trottet zur Tür herein. Als er Hetty auf dem Traktor entdeckt, kläfft er los: „Gleich

kommt der Bauer. Der wird euch schon von hier verjagen.“

Carolin reckt sich und springt elegant von der Motorhaube. Dann spaziert sie mit erhobenem Schwanz aus dem Schuppen.

Hetty Hühnchen aber flüchtet flatternd und gackernd ins Gebälk.

Schon kommt der Bauer herein. Er kramt in seinen Hosentaschen und runzelt die Stirn. „Verflixt, wo ist der Zündschlüssel vom Traktor? Ich kann ihn nirgends finden. Such, Harry, such!"

Harry schnüffelt überall herum, aber er kann den Zündschlüssel auch nicht finden.

Nur Hetty Hühnchen sieht ihn von oben. Aber sie verrät nichts, denn ohne Schlüssel kann das Traktormonster auch keinen Lärm machen.

# Die Neue

Das Pferd Ferdinand lässt den Kopf hängen.

„Was hast du denn?“, fragt Hetty Hühnchen besorgt.

„Ich bin so allein“, schnaubt Ferdinand traurig.

„Aber du hast doch uns“, muhen die Kühe.

„Und uns auch“, zwitschern die Schwalben, die im Stall ein und aus fliegen.

Ferdinand stampft mit den Hufen. „Ich möchte ein anderes Pferd neben mir“, seufzt er. „Hier ist doch Platz genug für zwei.“

„Stimmt“, sagt Hetty Hühnchen, und dann will sie von Ferdinand wissen, warum er eigentlich hier ist. Er gibt schließlich keine Milch, und den Pflug zieht der Traktor.

„Ich bin zum Reiten da“, wiehert Ferdinand. „Für die Feriengäste!“

„Ach so“, gackert Hetty. Und während sie Ferdinand Heu aus der Mähne zupft, hört sie, wie ein Auto auf den Hof fährt. Hetty flattert aufs Fensterbrett und entdeckt draußen ein silbernes Auto mit einem großen Anhänger, aus dem es wiehert.

„Noch ein Pferd!“, meldet Hetty Hühnchen gleich.

Ferdinand ist gespannt.

Bald darauf führt der Bauer das neue Pferd in den Stall. „Mach Platz, Ferdinand!“, sagt er. „Das ist Florinde, unser Pflegepferd.“

Florindes Fell ist braun und glänzt wie eine frische Kastanie.

„So hübsch!", schnaubt Ferdinand und freut sich: „Willkommen, Florinde!" Er reibt seinen Kopf zärtlich an Florindes Hals.

„Wo bin ich denn hier gelandet?", wiehert Florinde.

„Gefällt es dir bei uns vielleicht nicht?", fragt Hetty Hühnchen.

„Schon, aber ...", sagt Florinde und knabbert freundlich an Ferdinands Mähne, „... so einen seltsamen Stall wie hier habe ich noch nie gesehen. Aber ihr alle seid wirklich nett."

Und es dauert nicht lange, da gefällt es Florinde schon richtig gut im Stall.

# Ein Gewitter kommt

Die Sonne brennt vom Himmel. Die Luft ist schwül. „Das wird gleich ein Gewitter geben“, stöhnt der Bauer. „Das Heu muss in die Scheune, und der verflixte Traktor will nicht anspringen.“

Die Tiere auf dem Hof liegen faul im Schatten.

Harry, der Hofhund, hechelt.

Hetty Hühnchen ist es auch heiß, obwohl sie unter dem Holunderbusch in einer schattigen Kuhle hockt.

Eine freche Gans zwickt Harry in den Schwanz.

Harry schnappt und knurrt: „Hau ab, du blöde Gans, sonst beiß ich dir den Bürzel ab.“

Hetty gackert: „Vertragt euch doch! Zum Streiten ist es viel zu heiß.“

Da ruft Felix: „Nimm sofort die Schubkarre, Marie! Du musst heute die Schweine füttern.“

„Nein, du!“, schreit seine Schwester. „Das ist deine Arbeit.“

„Ich bringe doch Ferdinand zum Schmied“, brüllt Felix. „Er braucht ein neues Hufeisen.“

Ferdinand steht neben Felix und wiehert wütend. Um seine Ohren fliegen böse Stechfliegen.

In der Ferne grummelt es, und am Himmel ziehen schwarze Wolken auf.

Der Wind wirbelt den Staub hoch.

Hetty Hühnchen blinzelt mit den Augen. Der erste Regentropfen ist ihr direkt auf den Schnabel gefallen.

Endlich regnet es! Alle atmen auf.

Da springt der Traktor auch schon an. Hetty rennt zum Hühnerstall und schlüpft ins Trockene.

Harry jagt die Gans über den Hof.

Felix führt Ferdinand wieder in seine Box, und Marie schiebt den Schubkarren schnell zum Schweinestall. Die Bäuerin schaut aus dem Fenster und lacht: „So ein Durcheinander!“

# Im Maisfeld

Heute sind die ersten Feriengäste auf dem Bauernhof angekommen. Hetty Hühnchen beobachtet Familie Anders vom Hühnerstall aus. Ob Amelie und ihre Eltern wohl nett sind?

Als Familie Anders spazieren geht, flattert Hetty neugierig hinterher.

„Schau mal, Amelie!“, sagt Herr Anders. „Das sind Maiskolben.“

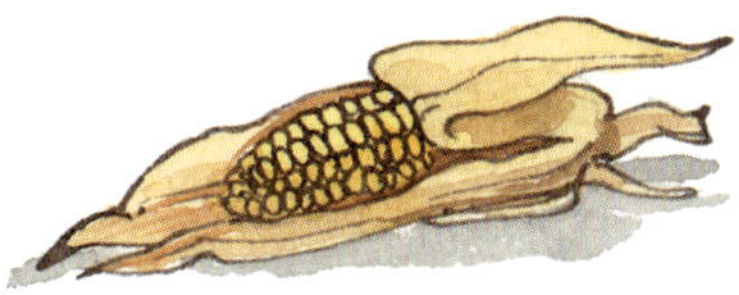

Aber Amelie glaubt es nicht.

Erst als ihr Vater einen Kolben aus der Schale wickelt, erkennt Amelie die gelben Körner. Aber sie sind bereits zu hart zum Essen.

„Das taugt nur noch als Hühnerfutter“, meint Amelies Mutter.

„Prima!“, lacht Amelie und schenkt Hetty den Maiskolben.

Hetty freut sich riesig und findet Amelie furchtbar nett.

Am nächsten Tag wollen Amelies Eltern ausreiten. Aber Amelie will nicht allein bleiben.

„Ich bin doch bei dir“, gackert Hetty Hühnchen.

„Ich werde auf Amelie aufpassen“, verspricht Marie.

„Dann ist ja alles in Ordnung“, sagt Frau Anders erleichtert.

Amelies Eltern satteln Ferdinand und Florinde und reiten los.

„Und was machen wir jetzt?“, fragt Amelie.

„Verstecken spielen“, schlägt Marie vor. „Im Maisfeld.“

Hetty Hühnchen gackert begeistert. Sie freut sich schon auf die leckeren Körner.

„Prima!“, lacht Amelie und läuft mit Marie zum Maisfeld. Hetty Hühnchen flattert hinterher.

Amelie versteckt sich als Erste.

Marie soll suchen.

„98, 99, 100“, zählt Marie. „Ich komme!“

„Warte!“, gackert Hetty und flattert schnell in ein Versteck zwischen den Stängeln.

Dann sucht Marie Amelie zwischen den hohen Maisstauden. Sie hat sich gut versteckt, und auch Hetty ist nicht so leicht zu finden. Das ist vielleicht ein Spaß. Marie gefallen die Ferien auf dem Bauernhof sehr gut.

# Delfin Flax
# und seine Freunde

# Das Geburtstagslied

Stopp!“, ruft Flax, der kleine Delfin. „So geht das nicht!“ Die anderen Delfine hören auf zu singen und schauen ihn verwundert an.

„Das klang doch schon ganz gut“, meint einer.

„Gut?“, fragt Flax und tippt mit der Flosse auf das Liedblatt. „Schaut doch mal auf die Noten. Das war viel zu tief. Wir fangen noch mal von vorne an!“ Die Delfine schmettern los: „Am Fenster früh am Morgen, da trällern ohne Sorgen die lauten Delfine ...“

„Nein“, stöhnt Flax verzweifelt. „Könnt ihr denn nicht lesen? Da steht doch ‚die frohen Delfine‘!“ „Stimmt“, kichert sein Bruder Ratz. „Aber ‚laut‘ passt besser!“ Endlich klappt es: Der Text stimmt, und auch die Melodie ist richtig. Die Delfine proben das Lied noch zweimal. Zur Sicherheit!

Schließlich machen sie sich auf den Weg zur Grotte. Dort lebt nämlich das Geburtstagskind: die Nixe Rosalinde.

„Pst“, flüstert Flax. „Seid leise, sonst ist die Überraschung verdorben!“

Dann gibt er das Startzeichen. Die Delfine trällern los.

Verlegen kommt die Nixe aus ihrer Grotte. Sie staunt, denn die Delfine singen nicht nur; mit ihren Körpern bilden sie außerdem noch ein großes Herz. Auch das hat sich Flax ausgedacht. Rosalinde ist nämlich seine beste Freundin. Und für die tut er alles.

Rosalinde ist begeistert. So ein schönes Geburtstagsgeschenk hat sie noch nie bekommen. „Vielen Dank!", ruft sie und umarmt ihren Freund Flax. Dann schwimmt sie zu den anderen und umarmt als Dankeschön auch jeden von ihnen.

# Die Delfin-Show

Flax und sein Opa lassen sich gemütlich im Meer treiben und beobachten die Passagiere auf einem großen Dampfer.

Plötzlich macht es „platsch“, und der kleine Delfin bekommt eine Ladung Wasser ins Gesicht. Erschrocken dreht er sich zur Seite. Neben ihm treibt etwas rundes Rotes auf den Wellen. „Was ist denn das?“, fragt er neugierig und tippt mit seiner Schnauze daran. Die Oberfläche ist glatt und weich. Opa blinzelt schläfrig: „Ein Ball! Damit spielen die Menschen an Land gerne, vor allem die kleinen!“

Erstaunt schaut der kleine Delfin seinen Opa an. Ein Ball? Was ist denn das schon wieder? Und woher weiß sein Opa das alles? „Als ich jung war“, erklärt der, „habe ich in einer Delfin-Show mitgemacht.“

Jetzt versteht Flax gar nichts mehr. Eine Delfin-Show?

Da fängt Opa an zu erzählen:

„Als ich so alt war wie du, habe ich mich in einem Fischnetz verheddert und kam nicht mehr frei. Die Fischer haben mich aus dem Wasser geholt und an eine

Delfin-Show verkauft. Dort hat man mich in ein kleines Wasserbecken gesetzt. Ein Mensch hat mit mir viele Wochen lang Kunststücke geübt. Ich musste Bälle auf der Schnauze balancieren, durch Reifen springen und mich in der Luft drehen. Die Menschen, die mir zuschauten, haben vor Freude geklatscht. Und Fische zum Fressen gab es auch genug. Aber ich habe mich immer nach dem Meer gesehnt. Zum Glück haben mich die Menschen später wieder hierhin zurückgebracht!" „Ja, zum Glück", denkt der kleine Delfin und schmiegt sich an seinen Opa. Flax ist vom Zuhören ganz müde geworden …

Er schläft sofort ein und träumt davon, wie er in der Delfin-Show mit seinem Opa durch einen Reifen springt.

# Flaschenpost

Schau mal, was ich gefunden habe, Tinto", sagt der kleine Delfin und schubst mit seiner Schnauze eine Flasche zum Tintenfisch. „Da ist ein Zettel drin. Kriegst du den raus?" Tinto zieht mit einem Arm den Korken aus der Flasche und hangelt mit einem anderen den Zettel heraus. Dabei hält er ihn sorgsam über Wasser. „Papier darf doch nicht nass werden", sagt er zu Flax. „Kannst du das lesen?"

Der kleine Delfin nickt stolz: „Klar, wir haben in der Schule jetzt schon alle Buchstaben gelernt."

Tinto hält Flax den Zettel vor die Schnauze, und der liest vor: „SOS. Mein Schiff ist untergegangen, aber ich konnte mich mit einer Holzplanke auf eine kleine Insel retten. Doch ohne ein Boot komme ich da nicht mehr weg. Bitte helft mir! Die Insel sieht so aus." Unten auf dem Zettel ist noch eine Insel gemalt.

Flax denkt nach: „Ein Boot kann ich aus dem Hafen stibitzen. Aber welche Insel kann das nur sein?" „Das weiß ich auch nicht", sagt Tinto. „Von oben seh ich die Inseln ja nie!"

Da hören sie ein Kreischen aus der Luft.

„Na klar", ruft Flax und macht einen Salto. „Wir fragen Juri, die Möwe! Die sieht alles aus der Vogelperspektive und erkennt bestimmt auch die Insel wieder!" Sie machen sich auf die Suche. „Juri", rufen sie, „wo bist du?"

Es dauert nicht lange, da kommt die Möwe herbeigeflogen. Sie wiegt ihren Kopf hin und her, als sie die Zeichnung sieht. „Das kann nur eine der vier kleinen Inseln in der Nähe des Korallenriffs sein", meint Juri und fliegt los. „Kommt mit!"

Dank Juri finden sie die Insel und können den armen Schiffbrüchigen retten.

# Ein unerwarteter Fund

Ferien sind total langweilig", meckert der kleine Delfin. „Was soll ich nur tun?"

„Dabei hast du dich so darauf gefreut!", lacht seine Mutter. „Besuch doch Rosalinde." „Die ist im Urlaub", murmelt Flax missmutig. „Rosalinde besucht ihren Opa. Stell dir vor, sie ist mit dem Blauwal-Express hingefahren! Das muss so aufregend sein und so viel Spaß machen!"

„Na, dann hilf mir ...", sagt seine Mutter, aber sie kann ihren Satz nicht beenden.

Denn Flax schlägt schnell ein paar Saltos und ruft: „Ach, weißt du, ich glaube, ich muss noch ein wenig üben!"

Und schon saust der kleine Delfin davon. Vorbei am Korallenriff, den Seegrasfeldern und den Felsen.

Plötzlich stutzt er. Hat da nicht etwas im Sand geglitzert?

„Das muss ich mir genauer anschauen", beschließt Flax und schwimmt näher. Auf dem Meeresgrund liegen ein paar Münzen. Sie glänzen golden.

„Seltsam“, denkt Flax. „Woher kommen die denn? Die können eigentlich nur von Menschen sein.“

Und tatsächlich: Hinter den Felsen findet er ein Schiffswrack. Das muss schon länger dort liegen, denn der Schiffsrumpf ist voller Algen.

Flax schwimmt aufgeregt zwischen den Teilen des Schiffes herum. Vielleicht findet er ja noch etwas Interessantes!

Im Sand liegt ein rostiger Anker. Und der zerbrochene Mast. Auch die Tür zur Kajüte ist offen. Flax schaut hinein. Und da entdeckt er sie: eine Truhe mit einem großen Schloss!

„Juhu“, jubelt der Delfin. „Eine Schatztruhe! Jetzt muss ich nur noch den Schlüssel zum Schloss finden!“ Schließlich entdeckt er den Schlüssel, öffnet gespannt die Truhe und findet darin viele Goldmünzen.

# Auf dem Jahrmarkt

Flax und Rosalinde schwimmen über den Jahrmarkt. Hier ist vielleicht was los!

An einem Stand kaufen sie sich gebrannte Algen.

„Mmh, schmecken die toll", nuschelt der Delfin mit vollem Mund. „Viel besser als Fisch!" Die Nixe lacht:

„Die sind ja auch süßer. Komm, wir fahren mit der Haibahn. Die soll richtig schön gruselig sein!"

„Gruselig?", fragt Flax. „Haie treff ich manchmal auch so. Vor denen fürcht ich mich doch nicht!" „Wart nur ab!", sagt Rosalinde und löst zwei Eintrittskarten. Sie schwimmen in den Gitterwagen. Die Tür wird hinter ihnen geschlossen – und los geht die Fahrt in die dunkle Grotte. „Hier sieht man ja gar nichts", meckert der Delfin. Da leuchten im Dunkeln ein paar Haiaugen auf, und dann sogar ein Skelett!

Flax zuckt zusammen.

Der Gitterwagen macht eine scharfe Rechtskurve. Auf einmal schwimmen von allen Seiten Haie auf sie zu und rütteln an den Gitterstäben. Rosalinde klammert sich erschrocken an Flax. Doch der zittert ebenso. Und schon geht die Fahrt weiter.

Plötzlich schießt ein offenes Haimaul auf sie zu. Die spitzen Zähne blinken – und schnappen zu. Der kleine Delfin schreit auf. Aber da ist der Spuk auch schon wieder vorbei. Der Gitterwagen wird langsamer und fährt aus der Grotte hinaus.

„Endlich!", seufzt Flax erleichtert. Rosalinde legt aufmunternd die Arme um ihn: „Das war doch ganz schön gruselig, oder? Wollen wir zur Erholung mit dem Seestern-Riesenrad fahren?" „Au ja", ruft Flax, und schon geht die nächste Fahrt los.

# Besser spät als gar nicht

Kommst du mit?", fragt Rosalinde und zeigt Flax eine Einladungskarte.

„Tanz beim Wassermann im Schloss – heute Nachmittag!" steht darauf.

„Nö, dazu hab ich keine Lust", meint der kleine Delfin. „Das wird bestimmt unheimlich langweilig." „Quatsch", sagt die Nixe. „Zu zweit haben wir doch immer viel Spaß. Jetzt komm schon!" „Traust du dich etwa nicht allein?", fragt Flax grinsend. Rosalinde schaut ihn wütend an: „Natürlich trau ich mich! Aber du willst nur nicht mit, weil du nicht so gut tanzen kannst! Stimmt's?" Sie dreht sich um und schwimmt schnell davon.

Flax schaut ihr hinterher. Rosalinde hat recht. Tanzen kann er nicht gut, aber Spaß macht es ihm trotzdem. Vor allem mit Rosalinde! Vielleicht sollte er doch mitgehen?

Flax schwimmt los. Den Weg zum Schloss kennt er. Aber vor dem Schlosstor tummeln sich viele Fische, Nixen und Seesterne. Wie soll er in dem Gewühl nur Rosalinde finden?

Da hört er jemanden murmeln: „Ich trau mich einfach nicht alleine rein!" Klingt das nicht wie Rosalinde?

Tatsächlich, sie sitzt gut versteckt hinter einer roten Koralle. „So allein, junges Fräulein?“, fragt Flax. „Darf ich um den nächsten Tanz bitten?“

Rosalinde schaut ihn erstaunt an. Dann strahlt sie: „Klar, lass uns gehen!“ Sie nimmt ihn in die Arme und flüstert: „Schön, dass du doch mitkommst! Und keine Sorge, wir werden die besten Tänzer im ganzen Schloss sein!“ Gemeinsam schwimmen sie zum Eingangstor. Eine Muschel öffnet ihnen und lässt sie ins Schloss. Jetzt kann das Fest beginnen!

# Komm mit an Bord, kleiner Pirat!

# Der kleine Pirat

Der kleine Pirat lehnt sich weit über die Reling seines Piratenschiffs.

„Ist dir schlecht?", kichert die Lachmöwe vom Mast herunter.

„Quatsch!", schreit der kleine Pirat nach oben. „Halt den Schnabel, ich muss üben."

Wieder lehnt er sich weit über die Reling und guckt ganz streng aufs Meer hinaus.

„Was musst du denn üben, den Sprung über Bord?", kichert die Lachmöwe.

„Lach nicht!", ruft der kleine Pirat. „Sonst fliegen hier gleich die Federn!" Er schaut zuerst ganz wütend und dann unheimlich ärgerlich.

„Nun sag schon, willst du die Fische erschrecken mit deinen Grimassen?" Die Lachmöwe ist vom Mast heruntergeflogen und hat sich neben den kleinen Piraten auf die Reling gesetzt.

„Nicht die Fische, du Witzbold, sondern die anderen Seeräuber. Schließlich bin ich Pirat, und ein Pirat muss furchterregend aussehen."

„Vergiss es, du siehst viel zu nett aus!"

„Deshalb muss ich ja auch üben." Angestrengt starrt der kleine Pirat in das spiegelglatte Meer. Grimmig fletscht er die Zähne, aber bald tun ihm die Backen weh, und die Mundwinkel schnellen wieder nach oben. Sein normales Gesicht ist einfach nur nett und kein bisschen furchterregend.

„Siehst du, das wird nichts“, jubelt die Lachmöwe.

„In drei Tagen muss die Grimasse aber sitzen, dann kommen nämlich der lange Pirat und der dicke Pirat zu Besuch. Schließlich geht es doch nicht, dass alle Piraten furchterregend aussehen, und nur ich grinse wie ein Honigkuchenpferd.“

Aber für heute macht der kleine Pirat erst mal Pause.

# Klar Schiff!

Bald findet das jährliche Hochseepiratentreffen statt, und der lange Pirat und der dicke Pirat kommen zu Besuch.

„Jetzt ist aber allerhöchste Zeit, hier Klarschiff zu machen", sagt sich der kleine Pirat. „Die Schaumkronen auf den Wellen sind heute genau richtig zum Putzen. Mal sehen, ob ich meine kleinen Freunde aus dem Meer erreiche." Er nimmt sein Unterseesprechrohr vom Mast und hält es tief ins Wasser. Dann ruft er hinein: „Hallo, hier spricht der kleine Pirat. Wenn eine Qualle mich hört, soll sie sich bitte melden."

Kurze Zeit später quellen gleich drei dicke Quallen aus den Wellen hervor.

„Was gibt's? Sollen wir dir helfen, ein Schiff zu entern?", fragt die erste Qualle.

„Wir könnten deine Feinde mit fürchterlichen Feuerquallenqualen quälen", schlägt die zweite vor.

Und die dritte Qualle fragt: „Oder sollen wir einen Schiffbrüchigen in Quallenschleim verpacken?"

„Oh nein, was habt ihr denn für gemeine Ideen? Es sind

doch gar keine Schiffbrüchigen da, und Feinde hab ich auch keine!", ruft der kleine Pirat entsetzt.

„Was willst du dann?", fragen die quengeligen Quallen.

„Ich will nur, dass ihr ein paar Schaumkronen einfangt.

Ich muss auf meinem Schiff Klarschiff machen, und heute sitzen besonders schöne Schaumkronen auf den Wellen."

„Wenn er nur ans Saubermachen denkt, wird aus ihm nie ein furchterregender Pirat", seufzen die Quallen und tauchen für den kleinen Piraten nach besonders cremigen Schaumkronen.

Bald blitzt und blinkt das ganze Piratenschiff so sehr, dass sich die Möwen auf dem Deck spiegeln können.

Der kleine Pirat grinst zufrieden. Jetzt kann sein Besuch kommen!

# Hilfe für den kleinen Piraten

Der kleine Pirat ist ganz fröhlich aufgestanden und hat fröhlich gefrühstückt, blättert aber jetzt miesepetrig in den Piratennachrichten. Wie immer liest er nicht, sondern betrachtet nur die Bilder.

Die Piratennachrichten kommen jeden Morgen mit einer Flaschenpost vorbeigeschwommen, und weil sie oft viele Wochen unterwegs sind, sind die Meldungen nicht mehr die allerneuesten. Aber das ist es nicht, was dem kleinen Piraten die gute Laune verdorben hat.

Nie hätte er es für nötig gehalten, dass ein Pirat lesen und schreiben kann. Aber heute muss er doch die Einladungen für das Piratentreffen verschicken!

„Hoffentlich ist der Tintenfisch in der Nähe, sonst bin ich so verloren wie ein Schiffbrüchiger!", seufzt der kleine Pirat.

Er nimmt ein leeres Blatt Papier und malt sich selbst darauf, das ist der Absender, und den Tintenfisch, das ist die Adresse. Dann malt er noch eine Träne dazu, damit der Tintenfisch sieht, dass es Probleme gibt. Die Flaschenpost wirft er ins Meer.

Das Warten ist schrecklich: Kein

Tintenfisch ist zu sehen. Nicht am Vormittag, nicht am Mittag, nicht am Nachmittag!

Vor lauter Kummer kullert dem kleinen Piraten jetzt wirklich eine Träne aus dem linken Auge.

Doch da taucht der Tintenfisch endlich auf.

„Kann ich dir helfen?", fragt er den traurigen Piraten.

Der nickt erleichtert, und dann schreibt sich der Tintenfisch fast die ganze Tinte aus dem Leib, für zwei wunderschöne Einladungskarten an den langen Piraten und den dicken Piraten.

Der kleine Pirat malt noch viele schöne Bilder dazu. Als die Sonne untergeht, ruft er zufrieden: „Fertig! Ab geht die Möwenpost!“

# Der Kakadu spielt Karten

Uff, das wäre geschafft!", ächzt der kleine Pirat. „Uff, ich bin geschafft!", japst der Sägefisch. „Ein Tischbein mehr, und mir wären die Zähne ausgefallen."

„Mähne ausgefallen", schnäbelt der Schiffskakadu hinterher.

„Tut mir leid, Sägefisch", sagt der kleine Pirat, „aber es war ein echter Notfall. Der Tisch war einfach zu hoch zum Kartenspielen."

„Nun lass mich endlich wieder ins Wasser", verlangt der Sägefisch und spuckt ein paar Holzspäne aus. „Ich habe einen ganz trockenen Mund vom vielen Sägen."

„Klar doch", sagt der kleine Pirat und befördert den Sägefisch mit Schwung über die Reling ins Wasser. „Und dir, Kakadu, bringe ich jetzt das Kartenspielen bei."

„Sparten schielen", tönt der Kakadu.

Der kleine Pirat legt die Karten auf den frisch gesägten Tisch. „Wenn der lange Pirat und der dicke Pirat zum Kartenspielen kommen, spielen wir zwei zusammen und gewinnen. Ich knöpfe den beiden einfach ihre Schatzkisten ab!"

„Schwatzlisten ab“, schnattert der Kakadu.

„Du flatterst herum und schaust den beiden in die Karten, merkst dir die Zahlen, die auf den Karten zu sehen sind, und flüsterst sie mir dann ins Ohr.“

„Küsst mir das Ohr“, krächzt der Kakadu.

„Komm, jetzt lernst du die Zahlen.“ Der kleine Pirat legt für jede Zahl die richtige Anzahl Erdnüsse auf die Karten. Sechs Erdnüsse auf die Sechs, sieben Erdnüsse auf die Sieben und acht Erdnüsse auf die Acht.

Doch die Karten sind dem Kakadu egal. „Mahlzeit“, kräht er einfach und pickt alle Nüsse auf.

# Der Seestern-Orden

Der kleine Pirat hat eine neue Freundin, die Wassernixe.

Die beiden haben sich vor einigen Wochen zufällig kennengelernt und sich ein wenig unterhalten.

Aber plötzlich ist die kleine Nixe wieder abgetaucht, einfach so. Doch bevor sie in den Wellen verschwunden ist, hat sie eine wasserblaue Wasserrose aus ihren Haaren genommen und mit ihrer Schwanzflosse aufs Schiffsdeck gekickt.

Jetzt ist der kleine Pirat natürlich sicher, dass die kleine Nixe ihn gernhat.

Die wasserblaue Wasserrose steht seitdem in einem leeren Marmeladenglas, und der kleine Pirat schaut sie jeden Abend an.

„Du musst dich hübsch machen“, sagt das Seepferdchen zu ihm, „sonst kommt sie nicht zurück.“ Das Seepferdchen kennt sich wirklich aus in Sachen Schönheit.

Zuerst verpasst es dem kleinen Piraten einen neuen

Haarschnitt. Dabei hasst der kleine Pirat das Haareschneiden. Immer befürchtet er, dass ihm der Hummer in die Ohren oder die Nasenspitze zwickt.

„Schon besser", lobt das Seepferdchen. „Jetzt noch etwas Glanz", befiehlt es, macht sich mit einem großen Schwamm über den kleinen Piraten her und schrubbt ihm den Sand und das Salz seiner letzten Seefahrten von den Kleidern.

„Nicht übel“, beurteilt das Seepferdchen den blank gescheuerten kleinen Piraten. „Jetzt fehlt nur noch die Würde.“ Und mit diesen Worten heftet das Seepferdchen dem kleinen Piraten die schönsten Seesterne als Orden an seine Jacke.

„Das wird der kleinen Nixe gefallen“, denkt der kleine Pirat und schaut sehnsüchtig aufs Meer hinaus. „Wann sie wohl wiederkommt?“

# Ein Geschenk für die Nixe

Irgendwie fühlt sich der kleine Pirat ganz unwohl mit seiner neuen Frisur, außerdem kitzeln die Orden-Seesterne auf seiner Brust.

„Seid endlich still“, sagt der kleine Pirat. „Orden müssen ruhig und würdig sein!“

„Mach lieber deine Jacke nass, es ist ja zum Verdursten hier“, beschweren sich die Seesterne, und der kleine Pirat nimmt das Glas mit der Rose und schüttet sich das Wasser über den Kopf.

„Oh nein!“, ruft das Seepferdchen. „Alle Mühe umsonst!“

Jetzt hat der kleine Pirat langsam genug. „Was nützt das alles“, schimpft er, „wenn weit und breit keine Nixe zu sehen ist? Warum soll ich mich denn so herausputzen, wenn es niemand sieht?“

„Du musst ein Geschenk für sie besorgen“, empfiehlt das Seepferdchen.

„Ich hätte da noch einen alten Seeräubersäbel“, überlegt der kleine Pirat.

„Du kannst einer Nixe doch keinen rostigen Säbel schenken", stöhnt das Seepferdchen und krümmt sich vor Entsetzen.

„Hast du denn keine Perlen, kein Geschmeide? Ein Pirat muss doch in seiner Beute jede Menge Klunker haben", meint das Seepferdchen.

„Ich habe weder Perlen noch Geschmeide, weil ich, unter uns gesagt, überhaupt keine Beute habe", sagt der kleine Pirat kleinlaut.

„Oh nein", jammert das Seepferdchen.

„Aber ich habe noch einen Strauß Wasserrosen!"

Als die kleine Nixe auftaucht, überreicht der Pirat ihr die Blumen. Da springt sie an Bord und gibt ihm vor Freude einen Kuss. Dann muss sie wieder zurück.

„Vielen Dank für die schönen Blumen, kleiner Pirat!"

# Auf der Schatzinsel

Der kleine Pirat hat jeden Tag viel zu tun. Schließlich ist er nicht nur für sein Piratenschiff verantwortlich, sondern auch für seine eigene Schatzinsel.

Eine Schatzinsel hat jeder richtige Pirat, denn ein Pirat muss die Schätze, die er seinen Feinden abnimmt, auch irgendwo vergraben können.

Die Schatzinsel des kleinen Piraten ist nicht besonders groß, sondern eher eine winzig kleine Insel, auf der genau eine Palme Platz hat, und der Sandstrand ist nur fünfundzwanzig Schritte lang.

Aber der kleine Pirat freut sich über seine Insel und fährt immer wieder gerne hin, um nach dem Rechten zu sehen. Schon von Weitem kann er die Palme auf der Schatzinsel am Horizont erkennen. Sein Herz hüpft vor Freude, und mit einem ebensolchen Hüpfer springt der kleine Pirat an Land und schaut sich um.

Die Palme muss gegossen werden, das ist heute seine erste Pflicht! Also schöpft er aus seinem Trinkwasserfass eine große Kanne voll Wasser. Die Blätter seiner Palme sehen gleich viel frischer aus!

Die zweite Pflicht des kleinen Piraten ist es, seine Schatzkiste zu füttern.

Weil der kleine Pirat noch nie einen wirklichen Schatz erbeutet hat, ist seine Schatzkiste lange leer gewesen. Doch dann hat der kleine Pirat beschlossen, aus der Schatzkiste ein Aquarium zu machen, mit wunderbaren Goldfischen darin.

Jetzt krümelt der kleine Pirat ein Stück Zwieback als Futter in seine Goldfischkiste, und die Fische kommen nach oben und fressen ihm aus der Hand.

Nachdem er dafür gesorgt hat, dass auf seiner Schatzinsel wieder alles in Ordnung ist, kann der kleine Pirat beruhigt weitersegeln.

„Bis bald, ihr lieben Schatzfische!"

# Nach dem Sturm

Der Wind bläst ziemlich stark", sagt der kleine Pirat, als er von seiner Schatzinsel ablegt.

„Der Wind ist fast ein Sturm!", ruft der kleine Pirat, als die kleine Schatzinsel hinter dem Horizont verschwunden ist.

„Der Wind ist ein ausgewachsener Orkan!!!", schreit der kleine Pirat, als er schon auf dem offenen Meer segelt, aber man hört ihn kaum noch. Er hat alle Hände voll zu tun, das Schiff unter den hohen Wellen hindurchzulenken.

„Auweia", sagt der kleine Pirat, als er nach dem Sturm sein Schiff inspiziert. „Da ist ja alles durcheinander, und die Segel sind total zerfetzt."

Eigentlich weiß er genau, wo Nadel und Faden zum Segelflicken liegen müssten. Nämlich in einer alten Keksdose, und die steht gewöhnlich auf dem Regal über der Hängematte.

Aber das war vor dem Sturm. Jetzt hängt der Tisch an dem Haken, wo eigentlich die Hängematte hängen sollte, und das Regal baumelt von der Decke.

Und die Dose? Es dauert eine Weile, bis der kleine Pirat

die Nadel gefunden hat, und dann dauert es noch länger, bis er das Fadenende gefunden und den ganzen Faden wieder aufgerollt hat.

Endlich kann der kleine Pirat seine Segel flicken.

„Hast du noch eine Nadel?", fragt ihn der Riesenkrake, der gerade den ersten Krakenarm über die Reling schiebt.

„Ich habe noch viele Nadeln und jede Menge Faden", antwortet der kleine Pirat.

Und nachdem der Riesenkrake seinen zweiten, dritten, vierten bis achten Arm auf Deck gebracht hat, hilft er dem kleinen Piraten beim Segelflicken, und mit insgesamt neun Nadeln geht das dann auch ganz flink.

# Der Dunkelturm

Der Besuch auf der Schatzinsel und das Segelflicken haben den kleinen Piraten fast einen ganzen Tag gekostet.

Jetzt muss er sich aber beeilen, damit er auch pünktlich zum ausgemachten Treffpunkt für das diesjährige Hochseepiratentreffen kommt. Schließlich möchte er den langen und den dicken Piraten nicht warten lassen.

Zuvor will der kleine Pirat aber noch seinen Dunkelturm einschalten.

„Sicher ist sicher", sagt er sich, denn der Rückweg vom Piratentreffen kann ganz schön kompliziert werden.

Eigentlich sind die Meere ja gut organisiert, überall an den Küsten und an den gefährlichen Riffen stehen große Leuchttürme, sodass bei Nacht eigentlich nichts passieren kann.

Doch nachts fährt der kleine Pirat nicht. „Ist mir viel zu gefährlich", sagt er, aber nur leise, wenn niemand zuhört.

Bei Tag aber, wenn der kleine Pirat unterwegs ist, gibt es keine Leuchttürme. Und das ist sehr gefährlich, besonders bei spitzen Korallenriffen und trügerischen Sandbänken, weil man sich am Tag viel sicherer fühlt.

Dafür hat der kleine Pirat seinen Dunkelturm an die Küste gestellt. Der leuchtet, nein, besser: der dunkelt nur für ihn und sendet einen schönen schwarzen Dunkelstreifen über das Meer, an dem sich der kleine Pirat auch bei hellstem Sonnenlicht sicher entlangtasten kann.

„Jetzt aber ab zum Piratentreffen. Der Dunkelturm ist vorbereitet!“, sagt der kleine Pirat und legt das Steuerrad exakt in die Richtung des ausgemachten Treffpunkts. „Ich komme!“, ruft er und bläst so kräftig in die Segel, dass der Mast sich biegt.

# Piratenbesuch

Da bin ich aber stolz auf mich", denkt der kleine Pirat, als er am ausgemachten Treffpunkt ankommt, denn er ist der Erste.

Und das, obwohl er sein Schiff eingeschäumt und seine Schatzinsel besucht hat, in einen Sturm geraten ist, die Segel geflickt und vorsichtshalber seinen Dunkelturm eingeschaltet hat.

„Was müssen der lange Pirat und der dicke Pirat alles erledigt haben, dass sie noch später kommen als ich?", überlegt der kleine Pirat, aber da sieht er schon am Horizont ein schmales Schiff mit einem ganz langen Mast.

„Der lange Pirat!", ruft er aufgeregt.

Und nur wenige Augenblicke später erscheint am Horizont auf der genau entgegengesetzten Seite ein ganz besonders dickes Schiff mit einem kurzen, prallen Segel.

„Der dicke Pirat!", jubelt der kleine Pirat und öffnet schon mal die Saftflasche für einen ersten Willkommenstrunk.

„Mach schon!", ruft da der Kugelfisch. Er ist ganz aufgeregt, denn der kleine Pirat hat versprochen, dass er

heute wieder aus der Kanone fliegen darf. Das ist jedes Jahr der Höhepunkt im Leben des Kugelfischs.

Er springt in das Kanonenrohr, und der kleine Pirat streut eine gehörige Prise Schießpulver dazu. Als es explodiert, schießt der Kugelfisch mit einem lauten Jauchzer in einem weiten Bogen über die Wellen.

„Noch mal!“, ruft der Kugelfisch. „Noch mal!“

„Also gut, sieben Schuss Salut“, sagt der kleine Pirat.

Nach dem siebten Schuss schwimmt der Kugelfisch erschöpft davon.

„Eine tolle Begrüßung!“, meinen der lange und der dicke Pirat. Jetzt kann das Piratentreffen beginnen!

# Piratenfest

Das Tolle am alljährlichen Hochseepiratentreffen ist, dass der ausgemachte Treffpunkt genau da liegt, wo das Datum Pause macht. Ein klein wenig links vom Treffpunkt ist bereits Montag, während ein klein wenig rechts davon noch Sonntag ist. Direkt am ausgemachten Treffpunkt macht das Datum Pause.

„Morgen ist Weihnachten“, sagt der dicke Pirat und schnalzt mit der Zunge, „das heißt, es gibt Schokoplätzchen und Geschenke.“

„Und Lametta am Mast“, sagt der lange Pirat, „jede Menge Lametta.“

„Stimmt genau“, meint der kleine Pirat. „Aber jetzt ist auch schon Weihnachten.“ Er öffnet eine schatztruhengroße Keksdose. „Schokoplätzchen für alle“, ruft er.

„Und jede Menge Lametta“, sagt der lange Pirat und hängt ganz oben am Mast ein paar glitzernde Spaghetti auf.

„Prima“, meint der dicke Pirat und streckt sich gemütlich auf seinem Liegestuhl aus, „und so schönes Wetter.“

Der ausgemachte Treffpunkt liegt nämlich in einer ganz ausgemacht heißen Gegend des Meeres, und an Weihnachten ist es dort besonders heiß. Aber Hitze macht Piraten gar nichts aus.

„Und morgen“, sagt der kleine Pirat, „fahren wir ein wenig nach rechts und feiern nochmal Weihnachten.“

„Ob die Kekse so lange reichen?“, gibt der dicke Pirat zu bedenken und schleckt sich die flüssige Schokolade von den Fingern.

„Ich lasse das Lametta gleich hängen, für das Weihnachten morgen“, sagt der lange Pirat, und dann spielen alle drei eine festliche Partie Weihnachtskarten aus. Und anschließend gibt es eine Bescherung mit vielen bunten Geschenken unterm Mast.

# Ein gespenstischer Geburtstag

# Schloss Gruselwusel

Die Eule Eulalia und der Rabe Ricardo sind die besten Freunde im Gespenster-Wald. Sie treffen sich jeden Abend in einer alten Eiche.

„Wollen wir heute einen Ausflug machen?“, fragt Ricardo. „Ja“, sagt Eulalia. „Wir könnten zum alten Schloss fliegen.“ „Meinst du Schloss Gruselwusel?“, krächzt Ricardo erschrocken. „Aber da spukt es doch.“ „Genau!“, sagt Eulalia. „Im Schloss Gruselwusel wohnen Gespenster. Eine ganze Familie, schuhuu. Und sie haben so niedliche Gespenster-Zwillinge. Die sind noch jung, höchstens fünfhundert Jahre alt. Komm, wir fliegen gleich los!“

Eulalia breitet ihre Flügel aus und schwebt lautlos davon.

Ricardo flattert hinterher. Sie fliegen zum Schloss Gruselwusel und landen in der großen Linde auf dem Schlossplatz. Ricardo äugt umher. „Ich sehe kein einziges Gespenst“, sagt er enttäuscht.

„Es ist doch noch viel zu früh“, erklärt Eulalia. „Gespenster erscheinen erst um Mitternacht. Schau dich vorher einfach mal um!“ Das Schloss ist furchtbar alt.

Alles bröselt. An den hohen Fenstern hängen lange Spinnweben-Vorhänge. Im Springbrunnen ist kein Wasser. Der Reiterfigur fehlt ein Arm. Neben dem alten Pferdestall steht eine kaputte Kutsche, und der Schlosspark ist von Brombeerranken und Brennnesseln überwuchert.

„Wunderbar!“, krächzt Ricardo. „Hier würde ich gerne wohnen, wenn es nur ein bisschen ordentlicher wäre.“

Eulalia blinkert mit ihren riesigen Eulenaugen. „Ich finde den Schlossgarten gruselschön. Sollen wir uns alles mal genauer anschauen?“

„Au ja“, ruft Ricardo und flattert gleich los auf Erkundungstour.

# Geburtstagswünsche

Innen im Schloss ist es auch schön gruselig. Die Gespenster-Zwillinge Gusti und Gustine fühlen sich gruselwohl und machen immer Unsinn. Darüber müssen sich ihre Gespenster-Eltern und -Großeltern oft aufregen. Zur Familie gehören auch ein großer, dünner Gespenster-

Hund, der nachts immer gruselig jault, und eine Gespenster-Katze mit glühenden Augen und einem Fell, das Funken sprühen kann. Morgen haben Gusti und Gustine Geburtstag.

„Was wünschst du dir, Gustine?“, fragt Mama.

„Einen Silberroller“, sagt Gustine. „Damit kann ich durch die Gänge im Schloss sausen, schnell wie ein Blitz.“

„Du bist mein wildes, kleines Gespenster-Mädchen“, lacht Papa.

„Und was wünschst du dir noch?“

„Eine Geister-Puppe und ein Gespenster-Puppenhaus und dass ich alle meine Gespenster-Freunde einladen darf“, sagt Gustine.

„Wir wollen eine tolle Party feiern.“

Oma und Opa seufzen: „Oje, das wird ein gespenstischer Trubel werden!“

„Und du, Gusti?“, fragt Papa. „Was wünschst du dir?“

Gusti überlegt nicht lange. „Ich wünsche mir ein Fahrrad, so ein richtig gutes Bike. Damit kann ich auch durch die Gänge im Schloss sausen. Und einen echten

Gespenster-Bären zum Kuscheln und eine neue Kette zum Rasseln. Und ich will auch alle meine Gespenster-Freunde einladen." „Na gut!", sagen Mama und Papa. „Jetzt müsst ihr nur noch einen Tag schlafen, dann kann morgen um Mitternacht euer großes Gespenster-Geburtstagsfest beginnen."

Insgeheim freuen sich Mama und Papa Gespenst. Da haben sie ja genau die richtigen Geschenke ausgesucht.

# Viele Geschenke

Gusti und Gustine haben schon ein paar Geschenke von Mama und Papa ausgepackt. Sie sausen mit dem Roller und dem Fahrrad um die Ritterrüstung im Thronsaal herum.

Von Oma und Opa haben die Zwillinge gespensterweiße Unterwäsche gekriegt, wie jedes Jahr. Jetzt sind sie sehr gespannt, was ihnen ihre Freunde mitgebracht haben.

Kitty Kopflos hätte fast ihr Päckchen zu Hause vergessen. Doch zum Glück hat sie doch noch dran gedacht. Sie schenkt den Zwillingen Schimmelpilze. Die sind echt lecker!

Polter-Paule hat Polterschuhe mitgebracht. „Die kann ein Gespenst immer brauchen", meint er. Dabei trampelt er so laut, dass der Fußboden wackelt und der Kronleuchter klirrt. „Hör auf!", sagt Zitter-Max. Er mag nicht zugeben, dass er sich vor Polter-Paule fürchtet. Deshalb zittert

er nur ein bisschen, als er sein Geschenk auf den Geburtstagstisch legt. Ob sich Gusti und Gustine über die süßen Spinnen in dem Käfig aus Silberdraht freuen werden?

Nele Nasenbohrer hat ganz weite Nasenlöcher und

kann sehr gut riechen. Sie hat eine Flasche Moder-Parfüm für die Gespenster-Zwillinge mitgebracht. Zu Hause hat sie sich damit schon ein bisschen betupft. „Wie rieche ich?“, fragt sie Gusti.

Gusti schnuppert an Nele. „Ah“, sagt er. „Schön eklig!“

„Und jetzt müsst ihr die restlichen Geschenke auspacken!“, sagen Mama und Papa, Oma und Opa ungeduldig.

„Nein“, ruft Kitty Kopflos. „Zuerst sollen sie raten, was drin ist.“ Natürlich schweben Gusti und Gustine gleich zum Geschenketisch und betrachten die Päckchen. Ist das spannend!

# Spuk auf dem Speicher

„Tok, tok, tok!“

Die Gespenster-Zwillinge und ihre Freunde schauen zum Fenster. Was war das?

Gustine macht das Fenster auf. „He, da ist ja ein Rabe!“ „Ich bin Ricardo“, krächzt der Rabe. „Auf eurem Speicher spukt es bestimmt. Kommt ihr mit?“ „Juhu!“ Alle wollen zum Speicher. Nur Zitter-Max hat Angst. Dabei ist er doch selbst ein Gespenst. Sofort huschen Gusti und Gustine, Kitty Kopflos, Polter-Paule und Nele Nasenbohrer die Speichertreppe hoch. Zitter-Max auch, denn er mag nicht allein bleiben. Auf dem riesigen Schlossspeicher ist es zappenduster. Nur der Mond scheint durch die Löcher im Dach. Spinnweben hängen von den Balken.

Plötzlich macht es: „Klipp, klapp, klacker-di-klapp.“

Ricardo krächzt: „So geht es schon die ganze Zeit.“

Das Geräusch kommt aus einer stockfinsteren Ecke.

Gusti wagt sich mutig vor. „Da steht nur eine Truhe“, ruft er. „Klipp, klapp, klack!“, klappert die Truhe und stöhnt: „Mir ist so schlecht. Ich hab schrecklich viel Plüsch und Plunder in mir

drin. Aber ich krieg meinen Deckel nicht auf. So helft mir doch!" Gusti und Polter-Paule stemmen den Truhendeckel auf. „Uff!" Zuerst fliegt ein Schwarm Motten heraus, und dann sagt Gustine: „Ah, da sind ja wahnsinnig tolle

Klamotten drin." Sie zieht ein rosa Seidenkleid mit Spitzen heraus.

Kitty Kopflos findet einen spitzen Hut mit Schleier. Nele Nasenbohrer behängt sich mit etwas Glitzrigem.

Die Jungen entdecken Hosen und Westen, Säbel und Pistolen. Alle verkleiden sich. In der Truhe lag alles wild durcheinander, und so entstehen Ritter mit Indianerschmuck oder Piraten im Kleid.

# Das Spinnennetz

Die Spinnen, die Zitter-Max als Geburtstagsgeschenk für Gusti und Gustine mitgebracht hat, haben sich aus ihrem silbernen Käfig befreit. Schloss Gruselwusel ist von einem riesigen Spinnennetz bedeckt.

Die Gespenster-Kinder waren zum Spielen nach draußen geflogen und schweben nun erstaunt um das eingesponnene Schloss. Wo ist nur der Eingang? Bald wird es Tag, und da müssen Gespenster-Kinder doch ins Bett!

„Ich muss sofort nach Hause", sagt Kitty Kopflos aufgeregt. Nele Nasenbohrer zieht eine Grimasse und meint: „Es war ein wunderschöner Geburtstag. Macht's gut, Freunde! Wir sehen uns dann im nächsten Jahr." Zusammen mit Kitty Kopflos schwebt sie davon. Die anderen versuchen immer noch, ins Schloss hineinzukommen. Polter-Paule will einfach mitten durch das Spinnennetz

poltern. Aber die silbernen Fäden sind so stark, dass Polter-Paule immer wieder wie ein Gummiball zurückgeschleudert wird. Zitter-Max ist verzweifelt. „Ich kann nichts dafür, dass meine Spinnen so einen Unfug gemacht haben." Er fängt an zu weinen. Jetzt müssen ihn Gusti und Gustine trösten.

„Keine Angst!", sagt Gusti. „Wir finden den Weg ins

Schloss." „Hier! Ich sehe schon ein paar Lücken im Netz", ruft Gustine da erleichtert.

„Dann flieg ich jetzt auch heim", sagt Polter-Paule und verabschiedet sich. Er nimmt den kleinen Zitter-Max an die Hand und schwebt davon.

Die Gespenster-Zwillinge sind furchtbar müde. Das war ein aufregender Geburtstag! Aber jetzt wollen die beiden zurück zu ihrer Familie ins Schloss. Mama und Papa warten bestimmt schon.

Zum Glück fällt Gustine der Geheimweg durch die Speisekammer ein.

# Geister-Kaninchen

Die Gespenster-Zwillinge Gusti und Gustine gähnen laut. Doch bevor sie schlafen können, müssen die beiden das Bike und den Silberroller in den alten Pferdestall bringen. Vor dem Stall steht eine alte, halb zerfallene Kutsche. „Hör mal, Gusti!“, sagt Gustine. „Irgendwas knabbert da ganz gespenstisch.“

Gusti hört es auch. Er gruselt sich sogar ein bisschen. „Was kann das sein?“, fragt er leise. „Das Geräusch kommt aus der Kutsche“, flüstert Gustine und guckt mutig hinein. „Es ist eins unserer Geister-Kaninchen!“, ruft sie erleichtert.

Das Geister-Kaninchen wackelt mit den Ohren. „Da seid ihr ja endlich“, mümmelt es. „Höchste Zeit!“ Es knabbert am Sitzpolster der Kutsche und zieht ein paar Halme heraus. „Bäh, schmeckt das eklig“, murrt es unzufrieden. „Oje!“, ruft Gustine. „Wir haben ganz vergessen, dich und die anderen zu füttern.“

„Vor lauter Geburtstagstrubel“, erklärt Gusti und streichelt es. „Nachträglich alles Gute“, wünscht das Kaninchen. „Und jetzt will ich etwas Ordentliches futtern: Klee und Karotten.“ Aber es gibt weder Klee noch

Karotten. Im alten Pferdestall finden die Zwillinge nur leere Säcke und Körbe. Und leere Kaninchenställe. Auch die Käfige, in denen die Gespenster-Meerschweinchen und die Geister-Hamster wohnen, sind leer und verlassen. „Wo sind denn alle?“, ruft Gustine verzweifelt.

„Vielleicht hat der Fuchs unsere Tiere gemopst“, überlegt Gusti. „Unsinn!“, sagt das Kaninchen. „Sie haben sich nur versteckt.“ „Dann müssen wir sie suchen“, sind sich die Gespenster-Zwillinge einig.

Als alle Tiere wieder da sind, bekommen sie zur Entschuldigung ein Festmahl.

# Unter den Sternen

Der Gespenster-Geburtstag war wunderbar, finden die Zwillinge. Aber jetzt sind Gusti und Gustine sehr müde. Doch Gustis Kuschelbär ist plötzlich verschwunden.

„Ohne meinen Kuschelbären kann ich nicht einschlafen“, jammert Gusti. „Wo ist er nur?“ Gustine hilft ihrem Bruder beim Suchen. Aber der Bär ist nirgends: nicht unter der Decke, nicht im Schrank oder auf den Regalen, und auch nicht unterm Bett. „Mama!“, ruft Gusti. „Hast du meinen Kuschelbären gesehen?“ Mama kommt ins Kinderzimmer und schüttelt den Kopf. „Nein, aber jetzt wird sofort geschlafen“, sagt sie und will das Fenster zumachen und die Spinnwebvorhänge zuziehen. Dabei entdeckt sie Gustis Kuschelbären. Er sitzt auf dem Fensterbrett und blickt sehnsüchtig zum Himmel hinauf. „Da bist du ja“, lacht Gusti und will seinen Bären umarmen.

Aber der kleine Bär springt mit einem Satz aus dem Fenster. „Er fällt runter!“, schreit Gusti. „Nein, er fliegt“, ruft Gustine. „Und in seinem Fell funkeln kleine Sterne. Oh, wie schön!“ „Mama“, fragt Gusti. „Fliegt mein kleiner Bär jetzt zum Mond?“ „Nein“, sagt Mama. „Siehst du nicht, wie er sich zwischen die großen, hellen Sterne legt?“ „Ja“, sagt Gustine. „Und jetzt schläft er ein.“

„Und das müsst ihr jetzt auch. Es wird schon bald hell", sagt Mama. Sie deckt ihre Kinder zu und gibt ihnen noch einen Gespenster-Gutenachtkuss. „Schlaft gut! Morgen um Mitternacht dürft ihr wieder geistern." Gusti und Gustine kuscheln sich in ihre gespensterweißen Betten, und beim Einschlafen denken sie daran, dass sie schon nächstes Jahr wieder Geburtstag haben.

Toll, nun haben wir ein Kuschelbären-Sternenbild!

# Drei kleine Eisbären im Glitzerschnee

# Die Bärentaufe

Die Sonne schien auf die weite Schneelandschaft herab und brachte die Eiskristalle zum Glitzern. Alles war weiß: der Schnee, das vereiste Meer, der Himmel.

Selbst die drei kleinen Gestalten, die auf einer der Klippen saßen, waren weiß. Und das musste auch so sein, denn es waren Eisbärenkinder.

„Bald geht die Taufe los! Wir sollten lieber zum Strand gehen!“, sagte ein Eisbärenkind gerade.

„Ich will aber nicht getauft werden!“, sagte das zweite. „Nicht mit diesem scheußlich kalten Wasser.“

„Mädchen stellen sich immer so an“, meinte das dritte Bärenkind.

„Gar nicht wahr!“

Im Nu rauften alle drei, dass der Schnee nur so flog. Dabei kugelten die kleinen Eisbären den Abhang hinunter – und landeten vor den Tatzen eines großen, alten Bären. Er war so uralt, dass sein Pelz schon ganz fusselig aussah.

„Wollt auch ihr mit den anderen hier getauft werden?“, brummte er streng und wies auf die übrigen Eisbärenkinder.

„Aber nicht mit dem kalten Was …“, fing das Bärenmädchen an, doch ihr Bruder hielt ihr schnell die Tatze über den Mund und nickte.

„Könnt ihr rennen wie der Wind? Und schwimmen wie ein Seehund? Und die Sterne ansingen wie eure Vorfahren?“

„Ja“, antwortete der kleine Bär.

„Gut. Wie lauten eure Namen?“

„Meiner ist Erdbeer“, sagte der kleine Bär. „Weil meine Ohren innen rosa sind wie Erdbeereis.“

„Ich heiße Vanille“, erklärte seine Schwester. „Weil mein Fell aussieht wie Vanilleeis.“

„Und ich bin Schoko“, fügte das dritte Bärenkind hinzu. „Weil meine Nase dunkelbraun ist wie Schokoladeneis.“

Der alte Eisbär nickte. „Gut, dann lasst uns mit der Taufe beginnen.“ Er tauchte seine Tatze ins Meer, träufelte den Eisbärenkindern der Reihe nach etwas Wasser auf die Köpfchen und sagte dazu ihre Namen. Erdbeer, Vanille und Schoko hielten ganz still. Das Wasser war eigentlich gar nicht so kalt, und stolz liefen die getauften Eisbärenkinder nach Hause.

# Fischen

Die drei Eisbärenkinder lugten über den Rand einer Eisscholle. Dort im klaren, kalten Meer lagen ihre Spiegelbilder herum wie Fotos aus einem Familienalbum.

Plötzlich glitt ein schlanker, silberner Streifen ohne Eile mitten durch Vanilles Spiegelgesicht.

„So was Freches!" Das Eisbärenmädchen versuchte, den Fisch mit seiner Tatze zu erhaschen.

Aber dabei machte es nur sein Spiegelbild kaputt.

Da kam der große Eisbärenvater vorbei und tätschelte mit seiner Tatze liebevoll die Köpfe der Bärenkinder. „Wie fischen denn die Seehunde?", wollte Schoko wissen. „Ihr müsst mit euren Tatzen bis auf den Grund greifen", sagte Papabär. „Da verstecken sich die Fische vor der Kälte."

Vanille, Schoko und Erdbeer sahen gespannt zu, wie er im Meer herumwühlte.

Dann tauchte seine große Tatze wieder auf – und der große Eisbär hielt den kleinen Eisbären einen mächtigen Fisch entgegen. „Jetzt ihr!"

Vanille streckte ihre Tatze bis zur Schulter ins Wasser und tastete tapfer auf dem Grund hin und her. „Ich hab

was!“, schrie sie aufgeregt. „Einen Riesen-Riesen-Riesenfisch!“

Doch was dann auf das Eis fiel, war kein Fisch, sondern ein alter Socken.

Erdbeer kicherte. „So was kann auch nur einem doofen Mädchen passieren!“

Aber gleich darauf beförderte er selbst einen

Blechbecher ans Tageslicht und verstummte. Und was tat Schoko? Schoko angelte einen alten Hut aus dem kalten Wasser.

Der Bärenvater kugelte sich vor Lachen. Nachdem die Bärenkinder allerlei Gerümpel aus dem Wasser geholt haben, fangen sie schließlich doch noch einen Fisch und gehen zufrieden nach Hause.

# Die Polarforscher

Vanille, Schoko und Erdbeer versuchten gerade, vor ihrer Höhle auf dem Sonnenhügel einen Schneebären zu bauen, als Schoko Menschen über das Eis laufen sah.

„Guckt mal, da!“, rief er. „Da draußen! Das sind keine Eskimos[1]! Ihr Fell ist ganz bunt! Eskimos haben keine so bunten Felle.“

Auch Vanille und Erdbeer reckten sich auf den Hinterbeinen, um weiter sehen zu können.

„Papa hat mal gesagt, manchmal kommen Forscher hierher“, meinte Vanille nachdenklich. „Das sind Menschen von ganz weit weg, die irgendetwas hier besonders interessant finden. Den Schnee oder so.“

„Haben sie zu Hause keinen Schnee?“, fragte Schoko mitleidig.

„Vielleicht keinen weißen? Vielleicht ist ihrer grün oder gelb, so wie ihr Fell“, vermutete Erdbeer.

Als die drei zum Wasser hinuntertrabten, standen die

1 »Eskimos« bezeichnet die arktischen Völker im nördlichen Polargebiet. Viele »Eskimos« lehnen diese Bezeichnung als abwertend ab. Da die heute stattdessen oft verwendete Bezeichnung »Inuit« nicht alle Eskimovölker einschließt und viele Völker diesen Begriff deshalb nicht akzeptieren, haben wir uns in dieser Geschichte für das Wort »Eskimo« entschieden und verwenden es als umgangssprachliche Sammelbezeichnung, die keine Herabsetzung der betroffenen Gruppe intendiert. Eine von allen Eskimogruppen akzeptierte Bezeichnung konnte bisher nicht gefunden werden.

Menschen noch immer draußen auf ihrer Eisscholle und sahen verloren aus.

„Dahinten ist ihr Schiff!“, sagte Vanille. „Und warum kommen sie nicht her? Ich würde schrecklich gerne an ihnen riechen!“

„Und vielleicht wollen sie Fotos von uns machen!“, flüsterte Schoko ehrfürchtig. „Mama hat mal von einem Polarforscher erzählt, der ganz wild darauf war, sie zu fotografieren. Dann hat er ein Buch aus den Bildern gemacht und es verkauft, und jetzt ist Mama überall in seinem Land berühmt ..."

„Ich weiß, warum sie nicht näher kommen!", rief Erdbeer plötzlich. „Zwischen den Eisschollen ist überall Wasser, und wahrscheinlich können sie nicht so weit springen wie wir! Wo sie doch nur auf zwei Beinen gehen."

„Komm, wir helfen den Polarforschern. Wir gehen vorsichtig zu ihnen. Dann können sie Fotos von uns machen, und wir werden auch berühmt!"

# Der Schal

Die drei Eisbärenkinder lagen hinter einer großen Schneewehe und beobachteten die Iglus dahinter.

„Was willst du denn mit einem Schal?“, flüsterte Erdbeer.

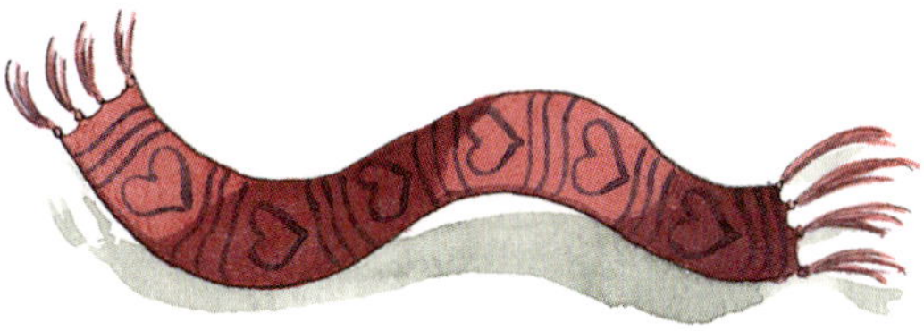

„Psst!“ Vanille hielt ihm die Tatze vor den Mund. „Ich muss doch schön sein, wenn die Polarforscher uns fotografieren. So was verstehen Jungen nicht.“

Sie sah sich noch einmal um.

Ein Eskimokind hängte gerade seinen Schal über den Schlittenrand.

Da sauste Vanille hinter der Schneewehe hervor, packte den Schal mit den Zähnen und raste im Zickzack über das weite Schneefeld davon.

Ihre beiden Brüder rannten ihr nach. Erst zu Hause beim Sonnenhügel blieben die kleinen Eisbären keuchend stehen. Vanille legte sich den roten Schal um. „Passt er nicht perfekt zu meinem Fell?“

„Na ja“, sagte Schoko.

„Kann man den Schal vielleicht essen?“, erkundigte sich Erdbeer.

„Jungen!“, sagte Vanille verächtlich und stolzierte mit dem Schal auf und ab.

In diesem Moment rief die Mutter die Eisbärenkinder zum Essen.

Schoko und Erdbeer flitzten zur Höhle, doch Vanille trat auf den Schal und landete der Länge nach im Schnee. Sie rappelte sich auf und versuchte, langsamer zu gehen, aber nun fegte ihr ein Windstoß den Schal vors Gesicht, und sie konnte nichts mehr sehen.

„Hilfe!", rief Vanille schwach. „Ich bin in einem Schal gefangen!"

Kurze Zeit später hatte der Bärenvater seine Tochter ausgewickelt und schüttelte den Kopf. „Was machst du denn für Sachen? Du bringst den Schal sofort zurück!"

„Aber ich weiß gar nicht mehr genau, wem er gehört!", jammerte Vanille.

„Dann musst du eben schauen, welcher Eskimo ohne Schal herumläuft", bestimmte Papabär.

Vanille machte sich auf den Weg zu den Menschen. Sie entdeckte auch schnell das Kind ohne Schal. Vorsichtig legte sie den Schal zurück vor das Iglu.

# Die Seehunde

Guckt bloß mal", sagte Vanille zu ihren Brüdern, „die Seehunde sind aus dcm Wasser gekommen!"

Wirklich, dort auf der größten Klippe lagen die glänzenden grauen Körper dicht an dicht.

Die drei Eisbärenkinder machten sich auf den Weg, um mit den Seehunden zu reden.

„Wahrscheinlich ist es ihnen letzte Nacht doch zu kalt im Wasser geworden", sagte Schoko. „So eisig war es schon lange nicht mehr."

„Stimmt!", rief Erdbeer. „Ich hab gestern Abend einen kleinen Fisch draußen vor der Höhle vergessen – und der ist dort ganz festgefroren."

Vanille kicherte. „Ach, deshalb hängt ein Fisch an unserer Haustür!" Auf einmal machte sie ein erschrockenes Gesicht. „Seht mal! Die Seehunde bewegen sich ja gar nicht! Ob sie auch eingefroren sind?"

Erdbeer fuchtelte einem besonders großen Seehund mit der Tatze vor der Nase herum. „Hallo?", fragte er. „Bist du eingefroren?"

Er bekam keine Antwort.

Schoko kletterte auf den Rücken des großen Seehundes und rutschte wieder hinunter. „Huiii!“, quietschte er. „Das macht Spaß!“

Vanille sah einer kleineren Robbe in die Augen. „Die guckt durch mich durch!“, flüsterte sie. „Sie sind wirklich gefroren. Wie unheimlich!“

In diesem Moment flog weit oben am Himmel ein Schwarm Vögel über die Klippe hinweg.

Die kleinen Eisbären reckten die Hälse – und als sie die Seehunde wieder anguckten, rief Schoko empört: „He! Die sind gar nicht eingefroren! Die haben sich einen Spaß mit uns erlaubt!“

„Woher willst du das wissen?“, fragte Erdbeer.

„Na, die haben sich eben bewegt, als wir weggeguckt haben!“

Und wirklich, ein Seehund hob die Flosse und winkte den kleinen Bären fröhlich zu.

# Der Schneehase

Vanille lag auf dem Bauch im Schnee und beobachtete einen Schneehasen, der aussah, als ob er irgendetwas suchte.

„Was machst du da?"

„Spuren", sagte der Schneehase.

„Wozu?", rief Vanille ihm zu.

Der Schneehase hopste schnell ein Stück weiter weg. „Ich bin sehr schreckhaft", sagte er. „Du darfst nicht zu laut mit mir sprechen."

„Ich spreche ganz leise", flüsterte Vanille. „Warum machst du Spuren?"

„Ich versuche", japste der Hase, „solche Spuren zu machen wie ein Eisbär."

„Ach", sagte Vanille.

„Damit", keuchte der Hase angestrengt, „alle denken, hier sei ein Bär vorbeigekommen. Dann kommt keiner auf die Idee, meinen Spuren nachzugehen und mich zu Mittag zu essen."

„Aber du brauchst ziemlich lange", stellte Vanille fest.

Der Hase setzte sich für jeden Abdruck hin und machte dann mit seinen Pfoten die vier Zehenabdrücke einer Bärentatze nach.

„Auf diese Weise kommst du nie irgendwo an“, sagte Vanille. „Wenn jetzt jemand vorbeikommt, der dich zum Mittagessen essen möchte, hat er es leicht.“

Der Hase legte den Kopf schief und schien nachzudenken. „Meinst du wirklich?“

In diesem Moment kamen Erdbeer und Schoko über das Schneefeld galoppiert. „Hal-loooo!“, schrien sie schon von Weitem.

Der kleine Schneehase machte einen Sprung in die Luft vor lauter Schreck.

Dann vergaß er, dass er für einen Eisbären gehalten werden wollte, und sauste, wie Hasen das immer tun, im Zickzack davon.

Die kleinen Eisbären konnten nicht einmal sagen, an wem er zuerst vorbeigekommen war.

„Hui, war der schnell!“, staunte Vanille.

# Der Schneesturm

Der Himmel ist so komisch“, sagte Schoko. „Irgendwie anders als sonst.“

Er schnupperte.

„Riecht nach Schnee“, sagte Vanille. „Viel Schnee.“

Erdbeer reckte besorgt seine Nase. „Der Wind holt Luft.“

Die kleinen Bären sahen sich um.

„Wie weit ist es bis nach Hause?“, fragte Vanille.

Die große Klippe bei ihrer Höhle war nirgends zu sehen.

„Wir sollten jedenfalls dort entlang“, bestimmte Schoko und rieb seine dunkelbraune Nase besorgt an Vanilles cremefarbenem Fell.

Sie wussten es alle drei: Ein Schneesturm nahte!

Aber kaum waren Vanille, Schoko und Erdbeer losgelaufen, da sausten ihnen auch schon die ersten Windböen um die Ohren. Sie brachten Tausende tanzender Flocken mit, die sich im Fell der Bärenkinder festsetzten

und sie wie mit kalten Fingern piksten.

„Seid ihr sicher, dass wir in die richtige Richtung gehen?", rief Schoko gegen das Sausen des Sturmes an.

Aber ehe ihm jemand antworten konnte, hob der Sturm die Eisbärenkinder hoch und wirbelte sie durcheinander wie besonders große Schneeflocken.

„Hilfe!", schrie Vanille.

„Mamabär!", rief Schoko.

„Papabär!", rief Erdbeer.

Im nächsten Moment packte jemand Vanille am Kragen und hielt sie fest. „Ich bin zwar kein Mamabär", sagte der Jemand, „und auch kein Papabär. Aber wenn ich mich nicht irre, ist eure Höhle da vorne." Der Jemand war ein großer Schlittenhund! Er schleifte zuerst Vanille, dann Erdbeer und schließlich Schoko zum Höhleneingang.

„Du liebe Güte!", rief Mamabär, als sie die zerzausten Eisbären sah. „Was ist denn mit euch passiert?"

Die kleinen Eisbären erzählten ihrer Mutter vom Sturm und wärmten sich in der gemütlichen Höhle auf.

# Sterne

Plustert euer Fell schön auf, damit ihr es warm habt", sagte die Eisbärenmutter. „Heute Nacht sehen wir uns zusammen die Sterne an."

Die Bärenkinder krabbelten nach ihren Eltern aus der Höhle.

Draußen war es bereits so dunkel, dass man seine eigene Tatze nicht vor Augen sehen konnte.

Nur hoch oben am Himmel glitzerten Hunderte von hellen Punkten. Wie Fischschwärme, die sich dort oben verteilt hatten.

„Wenn man als Eisbär in der Nacht unterwegs ist, muss man die Richtung wissen", sagte der Eisbärenvater. „Deshalb hat jemand an den Himmel Bilder gemacht, damit man sich nicht auf den weiten Schneefeldern verläuft und erfriert."

Die Eisbäreneltern hoben die Schnauzen und stimmten mit einem lauten Brummen das alte Lied der Eisbären an:

*„Bilder, ihr, am Firmament,*
*Bilder, wunderbar,*
*die ihr unsre Herzen kennt,*
*Bilder, treu und wahr.*

*Zeigt uns unsern Weg nach Haus,*
*lasst uns nicht im Stich,*
*Sterne, ihr, im Glitzerstrauß,*
*Bilder, wunderlich."*

„Was für merkwürdige Worte!", dachte Vanille und wollte dann wissen: „Wo sind denn nun die Bilder?"

„Da oben ist der Große Eisbär, genau über dem Sonnenhügel. Gegenüber ist der Kleine Eisbär", erklärte die Eisbärenmutter.

„Tatsächlich!", rief Erdbeer. „Und da ist auch ein Seehund!"

Der Eisbärenvater lachte. „Nein, das ist ein Eskimo-Jäger. Daneben steht sein Schlittenhund."

„Ich hab ihn, ich hab ihn!" Schoko hopste aufgeregt auf und ab. „Gibt es auch ein Iglu für ihn am Himmel?"

„Sicher", sagte die Bärenmutter. „Und sogar einen Fisch."

# Eine Rutschpartie

Vanille stand mit ihren Brüdern Erdbeer und Schoko an einem steilen Abhang direkt am Meer.

„Meint ihr wirklich, wir sollten da hinunterrutschen?“, fragte sie.

„Klar“, sagte Erdbeer. „Wenn man unten ankommt, schlittert man einfach über das Eis! Das ist bestimmt toll.“

„Es sieht ein bisschen zu steil aus“, meinte Vanille.

„Unsinn“, widersprach Erdbeer. „Alle Mädchen sind feige. Komm, Schoko, wir rutschen ohne sie.“

Das Eis auf dem Meer schillerte wunderschön – bunt wie ein Fisch.

Schoko und Erdbeer setzten sich hintereinander an den Rand des Abhangs. „Eins, zwei, drei ... los!“ Sie stießen sich ab und sausten in einer Schneewolke davon.

„He!“, rief Vanille. „Wartet! Ich komme doch mit!“

Das war natürlich nicht besonders sinnvoll, denn wie sollten Schoko und Erdbeer warten?

Vanille nahm Anlauf und flitzte ihren Brüdern nach.

Der Wind zerzauste ihr Fell. Es war wie Fliegen!

Schoko und Erdbeer hatten bereits das Eis erreicht –

jetzt sah Vanille, dass die beiden direkt auf ein Wasserloch zuschlitterten.

„Haltet an!", schrie sie.

Doch da platschte es schon.

Kurze Zeit später landete auch Vanille im kalten Wasser.

Die kleinen Bären krabbelten zurück aufs Eis und schüttelten sich schimpfend.

„Ich will nach Hause“, jammerte Erdbeer, „und einen heißen Kakao trinken! Da drüben ist der kürzeste Weg den Hang hinauf!“

„Nein, dort!“, sagte Vanille.

Schoko schüttelte den Kopf. „Dahinten ist es am kürzesten.“

„Wir werden ja sehen, wer zuerst in der Höhle ist und Kakao bekommt“, meinte Vanille und lief los.

Bald waren alle drei Bärenkinder in der Höhle angekommen und wärmten sich mit einer Tasse Kakao auf.

# Das Nordlicht

Die kleinen Eisbären saßen zusammen in der Höhle. „Wisst ihr, was das Nordlicht ist?", fragte der Bärenvater. „Es erscheint immer um diese Zeit des Jahres am Himmel und strahlt ganz bunt."

„Wozu tut es das?", wollte Erdbeer wissen. „Keine Ahnung", gestand der Bärenvater. „Unsere Vorfahren haben gedacht, es beobachtet sie. Es hat immer eine andere Form. Mal ist es ein Eisberg, mal eine Blume. Keiner weiß, was es wirklich ist." „Hört man es?", fragte Schoko. „Und kann man es riechen?", erkundigte sich Vanille.

„Nein, nichts von alledem", sagte der große Eisbär. „Kommt, wir gehen zur Klippe. Dort werden wir auf das Nordlicht warten. Der älteste Bär des Stammes hat gesagt, man kann es heute sehen."

Auf dem Weg fielen den Bärenkindern noch eine Menge Fragen ein.

„Muss man leise sein, wenn man es sieht?", fragte Vanille. „Damit es sich nicht erschreckt – wie ein Schneehase?"

„Nein“, sagte der Bärenvater. „Es ist so weit über uns, dass es uns nicht hört.“

„Kann es denn herunterkommen?“, fragte Schoko. „Falls es ärgerlich wird? Oder falls es mit uns reden möchte?“

Der Eisbärenvater lächelte. „Ich glaube nicht.“

Auf der Klippe setzten sich die drei kleinen Eisbären in den Windschatten ihres großen Vaters.

Sie kuschelten sich an ihn, denn ein bisschen Angst hatten sie trotz allem.

„Da ist es!“, flüsterte der Bärenvater schließlich.

„Es ist rosa!“, rief Erdbeer begeistert. „Wie meine Ohren von innen! Was für eine hübsche Farbe …“

„Es ist ja so groß wie der halbe Himmel“, staunte Schoko.

„Ich glaube“, sagte Vanille, „ich weiß genau, was es ist.“ Sie legte den Kopf schief. „Es ist ein Tier!“

# Der Besuch beim ältesten Bären

Und dass ihr mir ja höflich seid!", sagte die Eisbärenmutter und leckte noch schnell Vanilles Ohr sauber. „Es ist eine große Ehre, beim ältesten Eisbären des Stammes zu Gast zu sein."

„Wir sind bestimmt höflich", versprach Schoko. „Denn ich bin mir sicher, dass er Kekse hat."

„Und heiße Milch!", fügte Vanille hinzu. „Leute, die einen einladen, geben einem immer heiße Milch und Kekse."

„Vielleicht. Aber geht jetzt los, damit ihr nicht zu spät kommt."

Damit schob die große Bärin ihre Kinder aus dem Höhleneingang.

Der älteste Eisbär des Stammes hatte die drei Geschwister eingeladen, um sich anzusehen, wie sehr sie gewachsen waren. Das letzte Mal waren sie ihm begegnet, als er sie getauft hatte. Nun wollte er wissen, ob anständige große Eisbären aus ihnen wurden.

Draußen fegte der Sturm den Eisbärenkindern Eisstückchen ins Gesicht.

„Er hätte sich wirklich einen besseren Tag aussuchen

können“, murrte Vanille. „Meine Nase ist ganz abgefroren“, beschwerte sie sich dann.

„Jetzt hör endlich auf zu jammern“, sagte Schoko. „Wenn man ein ehrbarer Eisbär werden will, muss man eben tapfer sein.“

„Vielleicht hat er uns überhaupt nur deshalb heute zu

sich gerufen", vermutete Erdbeer, „damit er sieht, ob wir tapfer genug für dieses Wetter sind."

„Jedenfalls sind wir jetzt da", sagte Schoko.

Sie standen vor zwei Höhleneingängen, die genau nebeneinanderlagen.

„Dahinten sind noch mehr Eingänge!", meinte Vanille. „Welcher ist denn nun der richtige?"

„Das ist bestimmt auch so eine Prüfung", meinte Schoko.

Schließlich erkannten sie den richtigen Eingang an den Bärenspuren, die hineinführten.

Der älteste Eisbär wartete schon in der Höhle.

„Ihr seid drei kluge Eisbärenkinder, dass ihr mich so schnell gefunden habt", brummte er. Und dann gab es heiße Milch und Kekse.

# Quellenverzeichnis

S. 14–15
Leicht veränderter Auszug aus: Udo Richard,
*Indianergeschichten*,
farbig illustriert von Regine Altegoer.

S. 16–23
Leicht veränderte Auszüge aus: Udo Richard,
*Indianergeschichten*,
farbig illustriert von Dorothea Tust.

S. 26–45
Leicht veränderte Auszüge aus: Antonia Michaelis,
*Dschungelgeschichten*,
farbig illustriert von Sigrid Leberer.

S. 48–73
Leicht veränderte Auszüge aus: Ingrid Kellner,
*Willst du mein Freund sein, kleiner Kater?*,
farbig illustriert von Katharina Wieker.

S. 76–101
Leicht veränderte Auszüge aus: Ingrid Kellner,
*Auf dem Bauernhof geht's rund*,
farbig illustriert von Johanna Ignjatovič.

S. 104–117
Leicht veränderte Auszüge aus: Claudia Ondracek,
*Delfingeschichten*,
farbig illustriert von Lila L. Leiber.

S. 120–147
Leicht veränderte Auszüge aus: Ulrich Heiß,
*Komm mit an Bord, kleiner Pirat!*,
farbig illustriert von Irmgard Paule.

S. 150–167
Leicht veränderte Auszüge aus: Ingrid Kellner,
*Gespenstergeschichten*,
farbig illustriert von Gabi Selbach.

S. 170–201
Leicht veränderte Auszüge aus: Antonia Michaelis,
*Drei kleine Eisbären im Glitzerschnee*,
farbig illustriert von Sigrid Leberer.